数字就业平台和劳动世界的未来

迈向网络世界体面劳动

国际劳工局·日内瓦　2018

图书在版编目(CIP)数据

数字就业平台和劳动世界的未来：迈向网络世界体面劳动 /（美）珍妮娜·伯格（Janine Berg）等著；孟彤译．--北京：中国劳动社会保障出版社，2019

ISBN 978-7-5167-4168-9

Ⅰ. ①数…　Ⅱ. ①珍…　②孟…　Ⅲ. ①就业-研究　Ⅳ. ①C913.2

中国版本图书馆 CIP 数据核字(2019)第 262323 号

中国劳动社会保障出版社出版发行

（北京市惠新东街 1 号　邮政编码：100029）

*

北京市白帆印务有限公司印刷装订　　新华书店经销

787 毫米×1092 毫米　16 开本　9.75 印张　180 千字

2019 年 9 月第 1 版　　2019 年 9 月第 1 次印刷

定价：68.00 元

读者服务部电话：（010） 64929211/84209101/64921644

营销中心电话：（010） 64962347

出版社网址：http://www.class.com.cn

前　言

在过去的十年，劳动世界发生的一项重大变革是网络数字就业平台的涌现。这种新的工作形态不仅打破了现有的商业模式，而且还打破了这些商业模式所依赖的就业模式。数字就业平台上的工作，为劳动者提供在任何地点、任何时间开展工作的机会，提供适合他们自身情况的工作机会。然而，当劳动者从事这类工作时，他们的雇佣状况，他们能否获得足够的收入，能否得到社会保护和其他待遇，所有这些都让劳动者面临一定的风险。劳动者既有机遇也面临风险，人们不禁要问：到底是哪些因素驱动劳动者从事这类形式的工作？这些驱动因素在世界不同地区会不会有所不同？从事这类形式的工作会对劳动者产生什么影响？

为了探寻这些问题，国际劳工局研究司（ILO Research Department）与包容的劳动力市场、劳动关系和工作条件处（INWORK），于 2015 年和 2017 年开展了两次问卷调查，样本覆盖遍布全球 75 个国家的 3 500 名劳动者。这些劳动者在全球运作的 5 家大型微任务平台工作。德国金属行业工会（IG Metall）研究人员开展的深度访谈和其他定性调查为国际劳工组织的问卷调查做了进一步的补充。国际劳工组织的调查聚焦微任务平台，企业和其他用户通过这些微任务平台可获得大量的、灵活的劳动力（“大众”）。这些劳动力遍布全球，他们开展短暂、简单、大都属于文书工作的任务，根据完成的任务量或任务件数获得相应报酬。

基于问卷调查结果，本报告呈现了有关微任务平台工作条件的首批比较研究成果。报告阐述了劳动者的基本特点及其从事这类工作的动机，研究了北半球和南半球劳动者之间的共同点与不同点，分析了微任务平台的工作条件，提出了改善数字就业平台工作条件的一系列原则。

本报告将对“国际劳工组织劳动世界的未来举措”十分有帮助。报告旨在支持“劳动世界的未来全球委员会”的工作。全球委员会为独立的委员会，于 2017 年 8 月由国际劳工组织总干事召集成立。报告中表达的观点为作者的观点，不一定代表国际劳工组织的观点。

达米安・格雷姆肖（Damian Grimshaw）

研究司司长

致　谢

本报告由位于日内瓦的国际劳工局研究司（ILO Research Department），国际劳工局包容的劳动力市场、劳动关系和工作条件处（INWORK）和位于法兰克福的德国金属行业工会（IG Metall）共同合作完成。报告的作者包括（按姓氏字母顺序排列）：Janine Berg（ILO）、Marianne Furrer（ILO）、Ellie Harmon（Encountering Tech）、Uma Rani（ILO）和 M. Six Silberman（IG Metall）。Christina Behrendt（ILO）为报告中的社会保护部分提供了重要启示。

在过去一年里，我们将报告中的问卷调查结果呈现给各类会议和研讨会的与会者，非常感谢与会人员反馈的有益意见与建议。这些意见和建议对于编写本报告十分有帮助。圣路易斯大学（Saint Louis University）的 Miriam Cherry 提供了宝贵的意见，国际劳工组织的同事 Anna Biondi、Ekkehard Ernst、Damian Grimshaw 和 Susan Hayter 也提供了宝贵的意见。我们对他们的意见反馈表示感谢。在国际劳工组织，我们要感谢 Damian Grimshaw、Philippe Marcadent 和 Deborah Greenfield 为国际劳工组织数字就业研究提供的大力支持。我们还要感谢德国金属行业工会的 Christiane Benner 和 Vanessa Barth、奥地利劳动协会（Austrian Chamber of Labor）的 Sylvia Kuba 及奥地利工会联合会（Austrian Trade Union Confederation）的 Karin Zimmermann 在推动实施“公平的众包工作项目”中的远见与支持。

如果没有 3 500 名受访对象花时间详细回答调查问卷，为我们提供宝贵的定量与定性信息，就不可能完成本研究报告。报告还受益于通过网络电话（Skype）对 21 名受访者进行的深度访谈，受益于 256 名劳动者为德国金属行业工会“公平的众包工作项目”调查问卷做出的缜密回答。特别感谢 Anatazija Aleksic、Vinit R. Agarwal、Fankam Tekem Bill Frankcy、Renee Cheng、Allison Hart 和 Wilson David Osorio Betancourth 为我们提供本书封面和报告中的照片。我们感谢 5 家微任务平台允许我们将调查问卷发布到平台上，还要感谢专门从事社会科学问卷调查研究的公司 SoundRocket 在调查问卷设计以及平台调查实施方面为我们提供的帮助。

研究团队感谢国际劳工组织的同事们，他们对本报告的印刷出版起到至关重要的作用。包括：Judy Rafferty，为出版流程顺畅提供便利；Laura Finkelstein 和 Thuy Nguyen Couture，提供行政方面的支持；Alison Irvine，在版权方面进行协商；May Hoffman，对报告进行编辑；以及国际劳工组织的 PRODOC 团队，负责报告的设计、布局和出版。

中文版说明

国际劳工组织（ILO）近期出版了有关网络平台就业的最新报告《数字就业平台和劳动世界的未来：迈向网络世界体面劳动》（*Digital labour platforms and the future of work: Towards decent work in the online world*）。这是ILO第一次出版有关网络平台就业的研究报告。中国劳动和社会保障科学研究院（CALSS）莫荣同志了解有关情况后，指派国外劳动和社会保障研究室与国际劳工局研究司和版权局联系；经双方协商，ILO授权了中国劳动和社会保障科学研究院翻译和出版此书的版权。

近年来，网络平台就业在我国蓬勃发展，吸纳了大量的就业人员，与此同时，该领域也存在劳动关系和社会保障等方面诸多新问题、新挑战。在开展网络平台就业的政策研究中，借鉴国外经验十分重要，对于加强我国平台就业的监管，为政策制定者提供政策建议具有重要的意义。

感谢下列有关人员和机构为出版本书提供的帮助与支持。感谢国际劳工局研究司副司长Lawrence Jeff Johnson，对翻译本书给予了大力支持；感谢国际劳工组织出版部负责人Chris Edgar，为授予本书版权提供了便利；特别要感谢Alison Irvine-Moget女士，负责起草《协议备忘录》，在协商ILO版权授予方面做出了积极的努力。感谢中国劳动和社会保障科学研究院金维刚院长，对翻译和出版本书给予了大力支持；感谢莫荣副院长，亲自指导本书的版权申请、翻译和出版；感谢中国劳动和社会保障科学研究院科研管理合作处王学力处长、李艺副处长和其他同事为出版本书提供了大量的帮助。最后，感谢中国劳动和社会保障出版社的责任编辑和相关人员，加班加点，及时编辑和校对并高质量地出版本书。

2019年8月

概　　要

在过去的十年，劳动世界最显著的变革之一是数字就业平台的涌现。数字就业平台包含两个方面：一是基于网络的平台，平台上的工作通过公开招募的方式向地理位置分散的大众外包（“众包工作”）；二是基于位置的应用程序（Apps），即将工作分配给处于某一特定地理位置的劳动者。虽然数字就业平台是技术进步的产物，但是这些平台上的工作与久已存在的很多工作十分相似，只不过将数字工具作为载体。

本报告呈现了国际劳工组织对数字就业平台工作条件的调查结果，调查涉及遍布全球75个国家的3 500名劳动者，他们在5家以英语为交际语言的微任务平台工作。微任务平台是基于网络的就业平台，可以为企业和其他用户提供能触及大量的、灵活的劳动力（“大众”）的渠道，这些劳动力通常完成的是小型的、大都是文书类的工作，这些工作可以通过计算机和互联网远程完成。工作类型具有广泛的多样性，包括肖像识别、抄写和注解，内容审核，数据采集和处理，视听材料文本转录以及翻译。平台用户通过平台发布需要完成的大量任务；劳动者挑选任务，并对完成的每项任务或每件工作获得相应报酬。平台向平台用户收取费用，在扣除平台各项成本后，向劳动者支付报酬。

本报告呈现了有关微任务平台工作条件的首批比较研究成果；工作条件包括工资、工作机会、工作强度、工作产品被拒收与无报酬、劳动者与平台用户和平台运营商之间的沟通交流、社会保护情况和开展的工作类型。问卷调查于2015年和2017年开展，样本遍布全球范围，劳动者来自发达国家和发展中国家。调查发现，北半球与南半球劳动者之间既存在共同点，也存在不同点。调查结果聚焦平台工作存在的益处和缺陷，并提出了改善数字就业平台工作条件的一系列原则。

与大多数数字就业平台的做法相同，调查研究的微任务平台也将平台劳动者归类为自雇就业人员，这使得劳动者失去了劳动和社会保障法律所赋予的权利保护。平台的工作条款和条件以平台“服务条款”的形式出现。为了能够获得工作机会，劳动者必须接受条款。这些条款声称处理相关事宜，比如，以何种方式、在什么时间向众包劳动者支付报酬，如何对劳动者的工作进行评估，以及当出现问题时，劳动者拥有（或不拥有）哪些求助渠道，等等。

众包劳动者是哪些人？

- 从事众包工作的劳动者涉及所有年龄段的劳动者。问卷调查受访对象的平均年龄为 33.2 岁。
- 在从事众包工作的偏好方面存在性别差异，每 3 名劳动者中只有 1 名女性。在发展中国家，性别平衡尤其倾斜，每 5 名劳动者中只有 1 名女性。
- 众包劳动者受到良好的教育：不足 18%的人员拥有高中或较低学历，25%的人员拥有某种技术证书或接受过大学某种教育，37%的人员具有学士学位，20%的人员具有硕士学位。
- 在拥有学位的人员中，57%的人员所学专业是科学和技术（其中，12%为自然科学和医学，23%为工程，22%为信息技术），25%的人员所学专业为经济学、金融和会计。
- 56%的受访对象从事众包工作超过 1 年，29%的人员从事众包工作超过 3 年。

从事众包工作的原因

- 从事众包工作的两个最重要原因是“可对其他工作收入加以补充”（32%）和“喜欢在家里工作”（22%）。
- 对于那些有家庭照看责任“只能在家里工作”的人员，性别差异导致的人员数量占比差距极大，13%的女性劳动者“喜欢在家里工作”，而男性劳动者只有 5%。
- 10%的受访对象指出，自身的健康状况对从事有偿工作的类型造成影响。对于健康状况不好的劳动者，众包工作为他们提供了继续工作和获得收入的渠道。

劳动者收入状况如何？

- 国际劳工组织问卷调查发现，2017 年，在 5 家平台中，平均来讲，若只考虑有偿工作，劳动者的小时收入为 4.43 美元；若考虑全部有偿和无偿工作，劳动者的小时收入是 3.31 美元。
- 中位数收入较低，若考虑有偿和无偿工作，中位数小时收入只有 2.16 美元。
- 在亚马逊劳务众包平台（Amazon Mechanical Turk，简称 AMT 平台），被调查的大约 2/3 的美国劳动者称，其获得的收入低于联邦政府规定的每小时 7.25 美元的最低工资标准；如果同时考虑有偿和无偿工作的小时数，在 Clickworker 平台被调查的德国劳动者中，只有7%的劳动者称收入高于德国政府规定的每小时8.84欧元的最低工资标准。

- 北美劳动者（每小时4.70美元）、欧洲和中亚劳动者（每小时3.00美元）的收入高于其他地区。其他地区劳动者的全部有偿和无偿工作的小时收入在1.33美元（非洲）至2.22美元（亚洲和太平洋）之间。

劳动者收入低的部分原因是寻找工作需要花费时间

- 平均来讲，对于每1个小时的有偿工作，劳动者要花20分钟从事无偿的活动。他们要寻找任务，参加无偿的资格测试，调查平台用户信誉情况以减少欺诈，以及花时间书写评论。
- 88%的受访对象希望做更多的众包工作，平均来讲，希望每周增加11.6小时的工作量。劳动者从事众包工作的平均小时数为每周24.5小时（18.6小时从事有偿工作，6.2小时从事无偿工作）。
- 58%的劳动者称自己获得的任务不充足，17%的劳动者称找不到足够多的高报酬任务。
- 任务不充足促使众包劳动者去其他平台寻找任务；几乎一半的受访对象称，在本次问卷调查前的一个月中，他们曾在1家以上的平台工作；21%的受访对象称，曾在3家或更多的不同平台工作。尽管51%的受访对象只在1家平台工作，但是，他们的解释是，由于在不同平台工作的启动成本和交易成本高。
- 60%以上的受访对象表达了希望做更多的非众包工作的愿望，这表明众包工作就业不足现象十分严重；41%的受访对象称，他们正在积极寻找其他有偿非众包工作。

大多数众包劳动者的财务状况依赖众包工作的收入

- 对于大约32%的劳动者，众包工作是其主要收入来源。
- 对于认为众包工作是主要收入来源的劳动者，其众包工作的收入占总收入的59%，紧随其后的是众包劳动者配偶收入占22%，以及众包劳动者第二份工作收入占8%。
- 对于那些认为众包工作不是主要收入来源的受访对象，平均来讲，众包工作收入和主要工作收入占比相同（各占36%），其余的家庭收入来自配偶（18%），或其他渠道（9%）。

非典型工作时间的灵活工作

- 劳动者欣赏能够制订自己的工作计划，并在家里工作。
- 很多众包劳动者的工作时间是非典型的：36%的劳动者通常每周工作 7 天；43%的劳动者称在夜间工作；68%的劳动者称在晚上 6：00—10：00 工作，他们要么在等待接受工作任务（不同时区造成时差），要么拥有其他任务。
- 很多女性劳动者将众包工作与照看责任相结合。在问卷调查样本中，每 5 名女性劳动者中有 1 名有小孩（0~5 岁）。这些女性劳动者每周在平台上工作 20 个小时，只比总样本平均工作时间少 5 个小时；她们大都在晚上和夜间工作。

技能不匹配和缺少职业发展机会

- 众包劳动者从事的最常见的工作包括：参加问卷调查和实验活动（65%）、浏览网站内容（46%）、数据采集（35%）和文本转录（32%）。每 5 名劳动者中有 1 名定期从事内容创作和编辑工作，8%的劳动者从事与人工智能训练有关的任务。
- 大多数微任务是简单的和重复性的任务，与众包劳动者高层次的受教育程度不相符。

缺少社会保护待遇

- 社会保护覆盖较低：在 2017 年开展的问卷调查中，每 10 名受访对象中只有 6 名被医疗保险覆盖，只有 35%的人员参加了养老金或退休计划。在大多数情况下，社保来自受访对象线下的主要工作，来自家庭成员与就业有关的待遇，或者国家负责支付的全民津贴。
- 社会保护覆盖程度与个人对众包工作的依赖度成反比关系。主要依赖众包工作的劳动者更有可能得不到保护。在众包工作是主要收入来源的劳动者中，只有大约 16%的人员被退休计划覆盖，而众包工作不是主要收入来源的人员中，被退休计划覆盖的人员占 44%。

沟通交流和报酬支付

- 根据国际劳工组织的问卷调查，每 10 名劳动者中大约有 9 名经历过工作产品被拒收或报酬被拒付的情况。只有 12%的受访对象认为，他们经历的所有工作产品被拒收是正当的。
- 平台只有针对劳动者的单方评价体系，没有对平台用户/任务发布者进行评估的机制。

- 很多劳动者对不公平的工作产品被拒收无法提出申诉表示十分沮丧。
- 劳动者努力与任务发布者和平台进行沟通。很多劳动者（取决于被调查的平台，劳动者占比为28%~60%）通过劳动者自己运行的在线论坛和社交媒体获得相关建议，或密切关注众包劳动者所面临的一些问题的讨论情况。

迈向网络世界体面劳动

尽管众包劳动者为很多非常成功的企业提供有价值的工作，但是，来自众包工作的报酬通常低于最低工资。劳动者必须应对不可预见的收入状况，而且，在缺少标准的劳动保护的雇佣关系下开展工作。这些负面情况都不是众包工作概念本身所固有的，尤其不是微任务工作本身所固有的。我们应做的事情是重新思考微任务工作条款，改善劳动者的工作条件。

迄今为止，已出台几项措施，鼓励平台和平台用户改善工作条件。这些措施包括：（1）设立了第三方网站——Turkopticon（是AMT平台的浏览器插件）——可让劳动者对发布任务的平台用户进行评价。（2）AMT平台出台有关学术任务发布者的《Dynamo指南》。（3）建立了网站：FairCrowdWork. org。（4）制定了《众包行为准则》，这是德国外包平台倡导的自愿承诺的行动。签约平台还与德国金属行业工会合作，建立了“申诉办公室”，劳动者可通过此机构解决与平台运营商之间的争议。

尽管这些都是让人充满希望的努力，但是，监管遍布全球的众包工作的挑战不可低估。目前，尚无政府对众包工作平台的监管措施，都是平台自己确定工作条件，将其体现在服务协议条款中。

本报告提出了18条准则，旨在确保实现数字就业平台体面劳动。这些准则包括：

1. 应对雇佣误分类的问题。
2. 允许众包劳动者行使结社自由和集体谈判的权利。
3. 执行劳动者所在地规定的最低工资标准。
4. 确保平台在评估报酬和费用方面的透明度。
5. 确保平台上的独立劳动者拥有拒绝任务的灵活性。
6. 当任务或平台出现技术问题时，应为劳动者做的无效工作支付报酬。
7. 制定严格的、公平的规则，管控不支付报酬的行为。
8. 确保服务协议条款以清晰、简明、人们易读的方式呈现。
9. 告知劳动者获得负面评价的原因。

10. 为平台的所有用户制定和实施清晰的行为准则。

11. 确保劳动者能够对完成的工作产品无报酬、负面评估、资格考试结果、违反行为准则和账户关闭等提出质疑。

12. 建立一个可对平台用户进行全面评价的体系，类似于对劳动者进行全面评价的体系。

13. 在发布工作任务之前，确保任务说明是清晰的和经过验证的。

14. 让劳动者能够在任何时间，浏览和输出一份完整的、人和机器可读的工作与信誉记录。

15. 允许劳动者离开平台后与平台用户继续保持工作关系，而无须支付不成比例的高额费用。

16. 确保平台用户与平台运营商及时地、礼貌地和实质性地与劳动者进行沟通。

17. 告知劳动者平台用户的身份和工作的目的。

18. 对于会造成心理压力和伤害的任务，确保平台运营商以标准的方式对这类任务做出清晰的标记。

另外，本报告提出了调整社会保护制度的 3 条建议，旨在促进众包劳动者获得社会保护。

1. 调整社会保险机制，覆盖处于所有各类雇佣形式的劳动者，无论就业合同是何种类型。

2. 运用技术的手段，简化缴费和待遇支付的程序。

3. 构建和加强全民覆盖的、税收资助的社会保护机制。

目　录

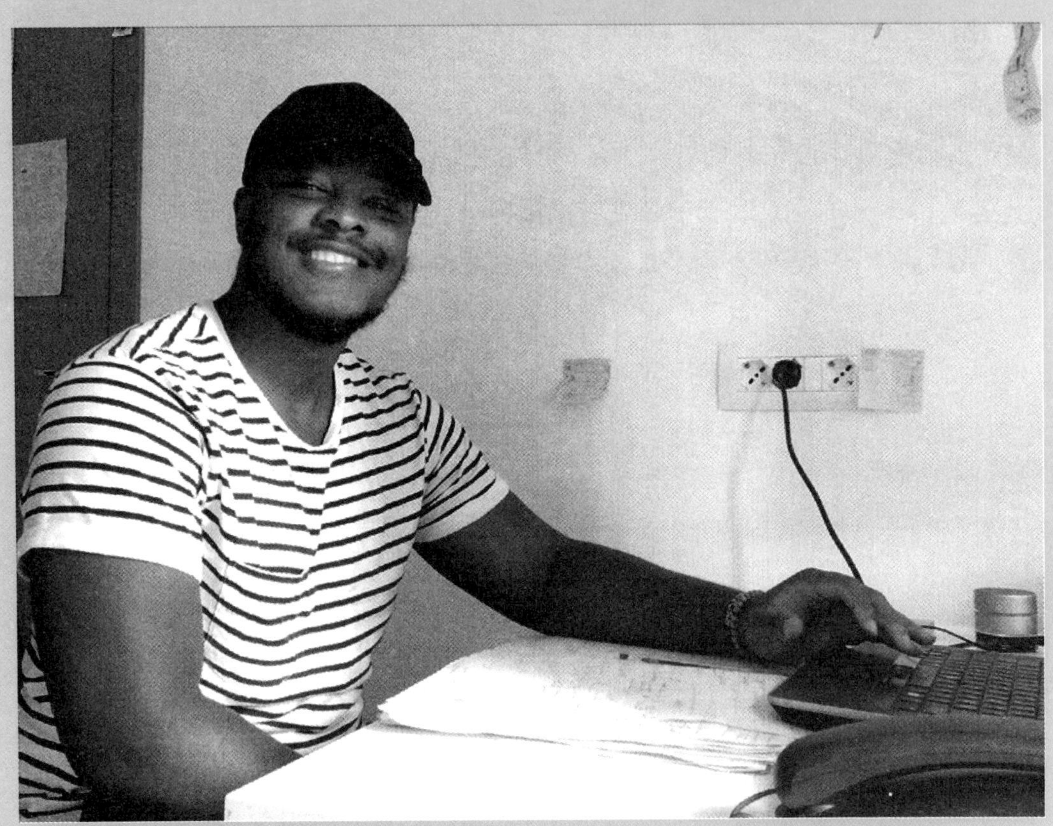

意大利众包劳动者 © Fankam Tekem Bill Francky

第一章

引　　言

显然，这种工作方式未来有可能爆炸性地增长。如果在早期阶段呈现公平性，势必有益于长期的发展前景。（AMT 平台受访对象，美国）

人们对劳动世界的未来的关切主要集中在技术是否会替代工作场所中的人类，如果答案是肯定的，我们该如何应对数量日益增长的全球剩余劳动力。人们对于创造出的工作类型，以及这类工作是否“体面”却关注得较少。国际劳工组织将体面工作界定为：生产性的工作，确保所有女性和男性机会和待遇平等的工作，提供公平的收入、工作场所有保障和家庭有社会保护的工作，为个人发展提供良好前景的工作，让劳动者自由表达关切、能够组织起来和参与影响其工作生涯决策的工作。

数字就业平台上的工作是崭新的工作，象征着工作的未来。数字就业平台包含两部分内容：一是基于网络的数字就业平台（通常称之为“众包工作”）；二是基于位置的就业平台，通过软件应用程序（Apps）来分配工作。

21 世纪初，随着互联网的发展以及网络产业平稳运营所需的人力投入，出现了众包工作。只要拥有可靠的互联网连接，劳动者就可以在全球任何地方开展工作。工作范围从复杂的计算机编程、数据分析和图像设计，到相对简单的文书类的“微型任务”。

众包工作既是技术进步的产物，也标志着工业化经济体从前的零散工的回归；而在发展中经济体，零散劳动力数量则在现有的基础上有所增加。目前，大多数众包工作未处于劳动监管中，因此，劳动者对于何时有工作，或拥有何种工作条件无法掌控。在受到不公平待遇情况下，劳动者可选择救助的渠道十分有限。

在宽泛的众包工作背景下，本报告聚焦微任务平台，即众包工作平台；通过这些平台，企业可获得大量的、灵活的劳动力，为企业完成小型的通常是重复性的、文书类的工作任务。报告对 5 家以英语为交际语言的知名微任务平台的工作条件进行比较研究，呈现了有关此领域的首批研究成果。报告运用国际劳工组织 2015 年和 2017 年开展的有关众包劳动者就业模式、工作记录和财务保障的两次问卷调查，从 7 个维度对工作条件进行分析：（1）工资水平；（2）社会保护；（3）工作强度；（4）工作机会；（5）工作产品被拒收和无报酬；（6）劳动者与平台用户和平台运营商之间的沟通交流；（7）工作类型。研究结果聚焦微任务工作的益处与缺陷。由于样本覆盖全球，被调查的平台劳动者所在国家既包含“发达”国家，也包含“发展中”国家。研究发现，北半球与南半球劳动者之间既有共同点，也存在不同点。从德国金属行业工会（IG Metall）与 Encountering Tech 共同开展的小型问卷调查中获得的数据和观点对本研究做了进一步的补充，奥地利劳动协会（Arbeiterkammer）参与资助了问卷调查。小型问卷调查（以下简称 IGM 调查）于 2016 年 12 月至 2017 年 3 月开展。

本章对微任务工作进行简要介绍，对工作的概念、起源和构架进行全面概述。第二章更详细地阐述微任务平台的运作；描述平台与劳动者之间的雇佣计划、平台的商业模式，以及发布和完成工作的程序；基于问卷调查数据，此部分内容还包括对微任务进行分类，将任务分为 10 种类型；进一步阐述微任务工作的构架与界定的方法，通过分析微任务平台的服务条款结束本章内容。

基于国际劳工组织 2015 年和 2017 年开展的两次问卷调查，以及 IGM 调查补充的数据与观点，第三章论述众包劳动者的一些基本特点及其从事众包工作的动机。

第四章和第五章聚焦 5 家平台工作条件主要调查结果，这 5 家平台包括：AMT 平台、CrowdFlower 平台、Clickworker 平台、Microworkers 平台和 Prolific 平台。第四章围绕微任务工作条件的四大领域展开论述，包括工资水平、社会保护、工作机会和工作强度；分析工作强度如何影响工作与生活的平衡。第五章在劳动者完成的任务被拒收和无报酬方面分析众包劳动者面临的风险，以及在多大程度上，劳动者能够与平台用户进行沟通交流；分析众包工作为劳动者创造的机遇、劳动者开展的任务类型，以及劳动者未来职业发展的前景。全面的定量和定性数据展示了平台上的工作条件、劳动者对工作条件的感受，以及众包工作存在的益处与缺陷。

第六章在广泛的经济背景下对问卷调查结果进行分析；提出了前瞻性的建议；解读了旨在改善工作条件的各类举措，其中的很多举措由劳动者自己、学术界和社会伙伴引领实施。通过阐述促进微任务工作更加公平的 18 条准则，以及有助于众包劳动者社会保护的 3 条建议结束本报告。

1.1 什么是众包工作?

2005 年，《连线杂志》（*Wired*）作者杰夫·霍维（Jeff Howe）创造了“众包”一词，

“众包”指的是：

> 曾经由指定的代理人（雇员、自由职业者或公司）从事的某项工作，现通过公开招募的形式，外包给某一不明确的、规模较大的群体，这种做法通常通过互联网实现（Howe，转引自 Safire，2009；Howe，2006）。

众包（crowdsourcing）为合成词，来自“大众（crowd）”与“外包（outsourcing）”两个词的组合，该合成词的起源直接表明了企业运用众包的经济动机：获得较便宜的、按需随选的劳动力。横跨世界多个时区的劳动者群体为企业提供了无论昼夜，任何时间都可以开展任务的可能性，并且，劳动者群体数量庞大意味着任务可以被快速完成。运用“大众”的力量，企业可以获得成千上万的劳动者。这些劳动者可在相对短的时间内处理大量的数据，而企业对他们却不用承担任何责任。因为，这些劳动者不是签订合同的雇员，他们只不过是从事手边的某件任务。另外，正如本报告随后要论述的，与居住在生活成本较高的国家如美国或欧洲国家的劳动者相比，居住在生活成本较低国家如印度或其他发展中国家的劳动者会感到更幸福，他们愿意从事低工资的工作。

历史上，人们认为大众是由业余人员组成的，他们可能都不配获得“专业人士的”标准工资。在杰夫·霍维有关众包的原创文章中，他描述了当 iStockPhoto 这类网站开始为大量的业余摄影师颁发摄影许可证时，专业摄影师面临着新型竞争。虽然业余摄影师的摄影可能在艺术或专业方面不够完美，但是，对于很多企业需求，通常这就“足够好了”（Howe，2006）。然而，在某些方面，众包工作业余的性质正在悄然发生着变化。现代众包工作平台通常提供针对劳动者的各类“资质”与评估的机制，让雇主从中筛选出具有某种经验和技能的劳动者来完成所需的任务。

1.2 众包工作平台的历史和起源

如果众包是将工作外包给“大众”的行为，那么，众包工作平台就是为众包提供便利条件的数字化服务（网址或应用软件 Apps）。这些平台为任务发布者提供技术设施，任务发布者向处于不同地理位置和不同经济状况的大量的劳动者——“大众”——发布任务，获得劳动者完成的任务成果，并对任务成果进行评估，最后为提交成果的劳动者支付报酬。相反地，这些平台也向劳动者提供服务和基础设施，提供一个集中化的位置，让劳动者识别来自很多不同任务发布者的任务；劳动者通过提交工作产品和财务账号，领取相应的工作报酬。

当今，各种各样的大量的任务都能获得数字就业平台的支持（见图 1.1）。一些数字就业平台以网络为基础，要么将任务交给大众（微任务化或内容有创意的任务），要么通过自由职业市场（如 Upwork）将任务直接交给个人。另外，数字就业平台还基于位置和应用软件发布工作任务；这类任务（如运输、快递和家庭服务）大都交给个人，少量任务（如本地的微任务化众包工作）交给大众。在本报告中，我们只讨论一种形式的众包工作，即微任务化的众包工作。在此，任务被细分为微小的单元，完成每一个单元的任务只获得极少的报酬。工作任务通过网络众包工作平台发布给大众。本报告研究的知名微任务众包工作平台包括 AMT 平台、Clickworker 平台、CrowdFlower 平台和 Microworkers 平台。

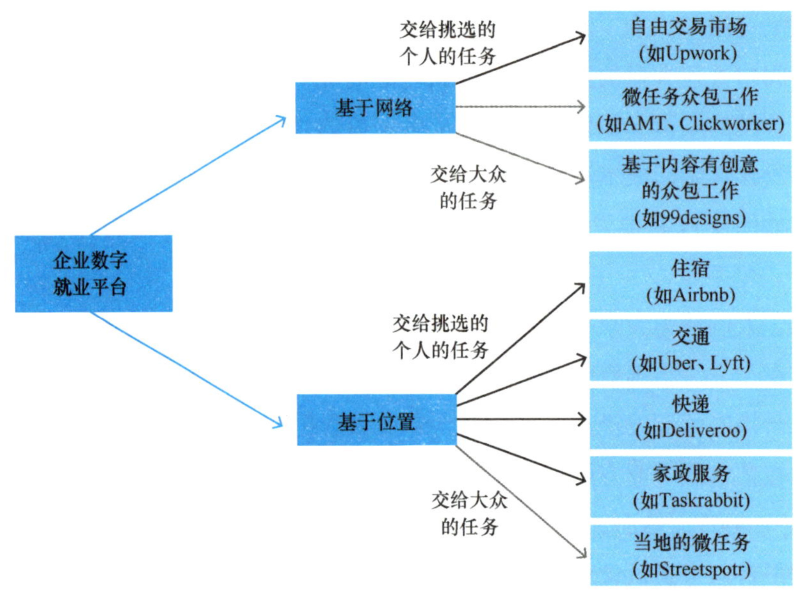

图 1.1　数字就业平台分类

资料来源：改编自 Schmidt（2017）。

作为一般的概念，从“大众”（换言之，广大民众）中获取信息，将信息编制为一个更大的信息库，这种做法由来已久。1884 年出版的第一册《牛津英语字典》就是通过征集读者给报纸发送常见的和罕见的单词完成的作品（Murray，1977；Mugglestone，2005）。寻求运用公众的多样性特点，以便产生有创意的新思维的科学奖项也同样存在了数个世纪，包括法国国王路易十六于 18 世纪末倡导的阿尔卡利（Alkali）奖项[1]，以及激励查尔斯·林德伯格（Charles Lindbergh）首次横渡大西洋的飞行奖励。对这些创意和技术壮举的巨额奖赏就是 InnoCentive[2]（对科学发现给予奖励）和 Jovoto[3]（对有创意的挑战提交的最佳设计给予奖励）这类更现代化的众包平台工作计划的真实写照。

最早期的平台只是对从前的工作计划进行相当简单的改编。这些平台运用互联网提供的互联互通，可触及位置分散的劳动力，不必构建集中化工作的建筑物。例如，呼叫中心通常雇用人员接听某一地理位置很多不同平台用户的电话。由于21世纪初美国互联网应用的普及，LiveOps公司通过雇用居家劳动者，形成了地理位置分散的呼叫中心，降低了运营成本。[4]

除了无须运行办公室节省费用以外，大众平台上劳动者的地理位置分布本身就是一个财富。例如，在Clickworker平台，平台用户可以雇用平台劳动者实现“移动众包”，“通过智能手机，让地面上的大众参与和监督品牌宣传活动，获得即刻的、当地市场的最新信息”。[5]对于这类任务，Clickworker平台与Streetspotr平台采取的方法相同，都是运用了大众在空间上的分散性。早期的公民科学项目，如王蝶标记项目，也是运用大众在空间上的分散性（Urquhart，1976）。由于众包劳动者的地理位置分散，对于反馈当地信息情况，无论是蝴蝶的出现，还是当地商店里展示的某一特别产品，劳动者都处于有利的地位。对于像AMT和CrowdFlower这类信息化平台，劳动者遍布全球各个时区，意味着平台可以在24小时全天候提供按需配置的员工来完成任务。

很难估算从事微任务平台工作的劳动力规模，或者在更普遍的意义上，很难估算零工经济中的劳动力规模（Smith和Leberstein，2015）。尽管有几家平台提供了在其平台上登记的劳动者数量，但是，这些统计数据不一定体现整体上活跃的劳动力规模（Stewart等，2015）。[6]然而，这种情况显然不容忽视，确定网络零工经济规模的最新努力显示，2016年7月至2017年6月，网络劳动力市场规模增长了25.5%（Lehdonvirta，2017）。[7]

1.3 众包工作是一种新的工作形式吗？

众包工作有时被认为是一种“新的”工作类型：基于为众包工作提供支持的互联网和网络平台的发展，这是劳动领域的一次重大转型。认为平台工作形式是“新的”，即与传统的“工作”不太一样，是由于采用这种工作形式是网络就业平台试图规避现有劳动监管的一种方法。

然而，正如前面简要历史介绍所表明的，通过“大众”（即广大民众）为大型项目提供微型信息并非新鲜之事。所不同的是，当今采用了新技术媒介，即互联网和专门为此设计的网站来协调这类项目，用软件平台替代了一些组织活动。另外，通过将工作分解为“任务”，平台推动了劳动商品化新方法的应用，将任务“按需”出售给那些正在寻求以低成本将工作外包出去的商家和其他相关人员。

正如一些人员所认为的，众包工作与由来已久的很多工作计划十分相似，只不过是将数字工具作为媒介。众包工作的策略焦点是将任务分解为细小的单元，并将这些细小的单元分配给不需要技能的劳动者，显示出“与泰勒（Tailor）有关的不需要技能的工业流程的回归，但却没有对企业的忠诚和工作保障”（Cherry，2016a，p. 3）。依据开展的任务情况而不是工作时间的报酬构架，也被认为与工业化前的计件工作计划十分相似（Cherry，2016a，p. 3）。众包工作的应急性，伴随着将大型任务分解为计件工作，与当前仍存在的制衣业和纺织业的应急工作计划没什么不同，无论是在集中化的血汗车间，还是通过承担额外工作作为“家庭工作”对低工资加以弥补的劳动者家庭（Scholz 和 Liu，2010）。另外，一些平台提供平台用户和劳动者之间相匹配的工作，实际上与劳务派遣机构的工作十分相似。

无论如何，当今发生的工作计划的重大转型显而易见。较为贴切的理解是，在朝着更加不稳定的和更加应急性的就业形式转变，以及朝着更加自动雇用和自动管理流程转变的进程中，众包工作是更广阔领域转变中的一个组成部分。例如，以优步（Uber）为例，最重大的革新是，通过开发算法使出租车派遣管理实现了自动化。在 CrowdFlower 这类微任务平台，管理评估的职能通过程序实现了自动化，通过程序运作，将每件任务分配给多名劳动者，并运用分布式计算（quorum）系统，在反馈信息出现不一致的情况下，自动比较和评估哪些反馈信息是“正确的”。然而，正如本报告要阐述的，仍属于该系统组成部分的劳动者的实际劳动，其实与当前的计件工作和数据工作没什么两样。了解这些劳动实践的特性对于如何监管众包工作平台的决策至关重要。

1.4 什么是微任务平台？

微任务平台是为征业提供渠道，获得大量灵活的劳动力的众包工作平台，这些劳动力遍布全球，从事无数微型的和能快速完成的任务，通常是重复性的任务。最知名的微任务平台之一是 AMT 平台，它将自己宣传为“工作市场”，在此，“企业与开发商”可获得“按需随选的、大规模的劳动力”。[8]与其他微任务平台一样，一般地讲，AMT 平台是“针对小型信息任务的网络劳动力市场”（Silberman，2015）。这些“信息”任务涉及图像识别、内容审核和语音文本转录；所有任务拥有的共同特点是能通过使用计算机远程工作。平台用户或任务发布者利用平台发布需要完成的大量任务，如需要成千上万名受访对象回答调查问卷，或者需要派劳动者去识别数百个或数千个街景照片，并根据某些特征做出标记（例如，标记出中线、中央线、行人和汽车）。劳动者通过平台找到他们胜任的任务，并从完成的每件任务或工作中获得相应报酬，例如，对每份调查问卷的回答，或者标记的每一张照片。有些任务，如回答调查问卷，一名劳动者一次即可完成。

然而，有的任务，如给照片做标记，一名劳动者要处理任务中的大量实例。

微任务平台最初出现是由于需要独特的人类智慧。正如 Irani（2015a）所解释的，AMT 这类微任务平台“起源于人工智能无法满足互联网企业寻求扩大储存、分类和在线服务数据域的需要”（p. 225）。人工智能不能“区分充满 Web2. 0 的图像、声音和文本的细微之处”（p. 225）。这样就需要人力，而不是算法，来弥补这一空白。结果，人力成为被通常称为或描述为“人工智能”（AI）服务中不可或缺的一部分（例如参见：Nakashima，2018；Newman，2017；Davies，2017；Alba，2017）。具有讽刺意味的是，目前产业实践中的人工智能，与最初的智能和实际目标并无太大关系，最初的目标是要创建一个完全自动化的体系，能解决从前只有人类才能解决的问题（例如，某个图像是否满足一定的标准）。更确切地说，目前的人工智能倾向于对问题进行重组，以便这些问题能够部分实现自动化，并且外包给低成本的、灵活的、以算法方式管理的劳动力。与此相矛盾的是，某些微任务平台专门从事提供人力标记的数据集，将这些数据用于训练机器学习算法，期望未来这些算法在不依赖人力投入的情况下仍能运行。

1.5 工作构架：运用算法对劳动者进行管理

在本报告研究的平台中，AMT 平台历史最为悠久，对于我们了解当今应用领域广泛的微任务平台十分有帮助。亚马逊（Amazon）将其为任务发布者提供的服务描述为是一种“人工的人工智能”，“按需随选的、大规模的人力，去完成人类比计算机做得更好的工作，例如，识别照片中的物体”。[9]最初，室内软件工具，即第一个系统版本，于 21 世纪初由亚马逊创建，当时，亚马逊着手应对日益增长的网络市场中同一件产品被重复录入的问题。由于亚马逊向市场提供来自多家供应商的产品，每家供应商各自单独地输入产品的信息，造成同一件产品被多次列入产品名录中，而且信息（准确的产品名称、产品图片、产品描述）不完全匹配。当网站上的买家搜寻的结果包含多个略有差异的条目，而这些条目实际上是同一件在售产品时，这些买家感到十分沮丧。亚马逊无法通过算法挽救这种局面，算法不能识别和过滤重复的条目，然而，这类识别对于人类则简单轻松。因此，亚马逊创立了一个内部网站，供雇员在“闲暇的时间”使用。雇员可以通过网站浏览目录中的条目，并对重复的条目做标记。因为认识到这类工具对更多的其他各类任务的巨大作用，亚马逊决定将平台向外部的任务发布者以及外部的劳动者开放，除识别重复的产品条目以外，还将其应用于其他更多种类的任务（Silberman，2015）。[10]当今，对于无法用计算方法来自动完成的各种类型的任务，例如，在一组照片中给所有猫咪贴标签，可以通过“遍布全球的、按需随选的、每周 7 天、每日 24 小时都可获得的劳动力”在几分钟内完成。[11]

AMT平台采用的最具影响力的方法是，通过应用程序接口（API），计算机程序员便可联络整个平台以及平台劳动者；[12]从事开发大型的较为复杂算法的程序员，通过几行简单的代码即可访问劳动者。发布任务、评估结果和给劳动者支付报酬的程序都可通过该系统实现自动化管理。其他微任务平台，包括Microworkers平台和Clickworker平台，也采用相似的办法，为平台提供应用程序接口，实现了不同程度的自动化应用。

在这些平台中，CrowdFlower平台（目前平台名称为“Figure Eight”）提供最新型的人类劳动者与大型计算系统和任务的一体化。CrowdFlower平台将自身描述为“您企业的人工智能（AI）”[13]，平台的设计从一开始就允许平台用户以多“排”数据组成的原始数据形式发布工作任务。随后，平台将每排数据分配给多个劳动者（默认情况下分配给3名劳动者），每名劳动者对此排的数据做出“判断”。每名劳动者可以对同一组数据中的无数排数据重复判断的步骤（例如，“此图像里有猫咪吗?”）。平台用户对不同劳动者的每排数据的多个判断结果进行比较，以便确认每个判断结果都是正确的，平台使这一工作流程实现了自动化。通过把应用程序接口当作媒介，微任务平台让企业实现了以算法的方式管理全体劳动力，并以积分法运算“人力介入的回路”，劳动者的才智仿佛仅仅是外部软件库中的一个函数。

劳动力的算法管理是数字就业平台的一个重要特征。它不仅涉及本报告中研究的基于网络的微任务众包平台，还涉及“基于位置的”数字就业平台，这类平台指派劳动者交付当地的服务项目，包括从事交通运输的平台（Uber、Lyft），从事食品快递的平台（Foodora、Deliveroo），从事家庭维修的平台（Task Rabbit）和家政服务平台（care. com）。

可以将算法管理定义为“通过算法和跟踪数据来分配、优选和评估人类的工作”工作构架（Lee等，2015）。虽然算法管理与数字就业平台工作几乎是同义词，但是算法管理也应用到线下行业。在20世纪80年代和90年代，北美洲的很多零售店开始运用软件优化雇员的倒班计划（Melachrinoudis和Olafsson，1995）；并且，这种做法一直持续至今日（Greenhouse，2012）。相似地，仓储业通常使用“声控分拣系统”，这是一个自动的、声音引导的系统，引导仓储工作人员在仓库中拣取某些产品，与此同时，系统还监督工作人员的表现。仓库中的工作人员佩戴一个装有麦克风的耳机，通过自动系统接受指令，并通过口头的方式，确认其活动处于系统中（Matopoulos，2011）。

在数字就业平台，算法管理远不止指导工作和制订计划，它还调度控制几乎所有方面的工作。Möhlmann和Zalmanson（2017）界定的算法管理具有5方面特点：（1）持续跟踪劳动者的行动；（2）根据平台用户的意见，以及平台用户对劳动者完成的工作产品接收或拒收情况，对劳动者的工作表现进行持续不断地评估；（3）自动落实决策，没有人工干预；（4）劳动者是与“系统”而不是与人进行互动，使得劳动者没有机会与车间督察员进行交谈、讨论和协商，而在线下工作中，劳动者通常有机会这样做；（5）透明度较低，这种低透明度来自竞争激烈的企业做法，造成平台不透露算法是如何运行的；透明度较低还由于算法具有适应性的特点，据此，可根据采集的数据改变决策。正如Möhlmann和Zalmanson所解释的，“企业极少主动透露算法的重要准则，有时连他们自己都不能完全解释结果，造成由算法管理的企业透明度极低”（p. 5）。在微任务平台，平台用户可以运用无数个应用程序接口来发布任务，使得该问题变得更加复杂。

本报告第五章更详细地分析了以算法方式管理微任务劳动者并对其产生了哪些不良的影响。第六章提出了一些政策建议，旨在减少算法管理中存在的缺陷。

注释：

1 参见 http://www.nesta.org.uk/news/guide-historical-challenge-prizes/alkali-prize。

2 参见 https://www.innocentive.com/。

3 参见 https://www.jovoto.com/。

4 参见 http://ip-208-90-202-81.liveops.com/company/history.html。

5 参见 Clickworker 平台网站首页 https://www.clickworker.com/[2017 年 10 月 1 日]。

6 例如，2017 年 6 月 14 日，在发送给订阅者的时事通讯中，Prolific 平台提供了下列统计数据：“当您访问我们的网站时，您将在网站上看到我们拥有大约 7 万名注册参与者。的确如此，但是，遗憾的是，并非所有用户都经常参加研究活动。为了更好地符合期望值，我们将对研究人员状态一览表中的预筛部分（第三步）略微进行调整。这意味着，您将看到，替代了 7 万名注册参与者，实际上只有 2 万名活跃的参与者。‘活跃的参与者’是指在过去 90 天至少登录一次网站的参与者。”

7 作者主要聚焦提供远程就业的平台，不涉及提供本地服务的平台，如交通运输平台。在线劳动力指数根据 5 家讲英语的最大网络平台的流量测算得出。

8 参见 https://www.mturk.com/。

9 参见 http://docs.aws.amazon.com/AWSMech-Turk/latest/AWSMturkAPI/Welcome.html。

10 了解更多详情，参见第二章 2.2 部分。

11 参见 https://www.mturk.com/mturk/welcome。

12 参见 http://docs.aws.amazon.com/AWSMechTurk/latest/AWSMturkAPI/Welcome.html。

13 参见 https://www.crowdflower.com/。

塞尔维亚共和国众包劳动者

第二章

主要微任务平台

本报告分析的5家平台每家都拥有不同的历史背景，起源于不同的国家和使用不同的运作方式，并且专注于不同种类的任务。本章，我们阐述这5家平台的背景情况。美国亚马逊劳务众包平台（Amazon Mechanical Turk，简称AMT平台），创立于2005年，产生于亚马逊自身企业需要的一个内部产品，它是目前运营的最大的微任务平台之一。德国Clickworker平台（创立于2005年，2007年开始接纳平台用户）和美国CrowdFlower平台（创立于2007年）在年交易额方面与AMT平台展开竞争。与AMT平台相比，美国Microworkers平台（创立于2009年）在拥有覆盖面更广的全球劳动者方面显得尤为突出（Hirth，Hossfeld和Tran-Gia，2011）。英国Prolific平台（作为Prolific Academic创立于2014年）在专注于有关问卷调查研究任务方面独一无二。

2.1 平台描述

微任务平台拥有很多共同的特点，包含劳动者—平台—平台用户雇佣计划和平台商业模式。除了范围广泛的组织计划方面具有相似性以外，本报告阐述的微任务平台专注于各自特定领域的工作流程或工作类型。

2.1.1 雇佣计划

尽管平台的宣传用语是为潜在的任务发布者提供“劳动力”[1]，或者其特有名称（如微任务劳动者），但是，平台一般不承认微任务劳动者是传统意义上的雇员。几乎所有的平台都要求劳动者接受将他们归类为自雇就业人员[2]或者独立承包商的做法。Prolific平台甚至不将微任务劳动者归类为任何类型的劳动者，只将他们描述为研究项目的“参与者”，劳动者获得“奖励”，而不是工作报酬。为了获得劳动保护和津贴待遇，微任务劳动者已对这种分类方法提出了质疑。

近些年，几个诉讼案件对平台劳动者的雇佣问题提出了挑战，包括集体诉讼案件

Otey v. CrowdFlower，是 2012 年控告 CrowdFlower 平台（Cherry，2016a）。案件最初是控告 CrowdFlower 平台支付给劳动者的报酬低于最低工资。平台认为劳动者是独立承包商，不是雇员，因此，没有获得最低工资的权利。最终，此案在做出裁决之前得以解决；然而，裁定的解决方案是除律师费用外，只给劳动者补发漏掉的工资。

Prolific 案件。本报告研究的微任务平台中，除 Prolific 平台外，其他所有平台都将劳动者归类为“自雇就业者”。Prolific 平台总部位于英国，专注于学术研究项目，帮助科学家获得调查问卷的参与者。如前面所述，Prolific 平台认为平台调查人员既不是雇员，也不是自雇就业人员；而且，它总是谨慎地将受访对象称为“参与者”，并将支付给参与者的报酬称为自愿参与的“奖励”，而不是参与者所提供服务的报酬。平台网站做出了如下解释：

> 参与者不是雇员。在任何方面，我们都不认为参与者是雇员；他们只是课题研究的志愿者，获得英国税法规定的酬金。[3]

Prolific 平台提到的英国税法网站的确指出，学术研究参与者获得的薪酬无须缴纳收入税，认为这只不过是“报销”参与的费用：

> 如果收到的款项只不过是个人参与试验或研究活动而报销的合理费用，包括交通费和生活费，那么，将对个人免征税收，或免除国民保险缴费（NIC）的责任。[4]

另外，按照 Prolific 平台的进一步解释，平台通过算法实施相应措施，确保“参与者”无法将平台上的工作量积累到足够多，达到被认定为雇员的水平：

> 为了确保平台的参与者不能转为专职的问卷调查人员，我们出台了限制性的机制，尽可能将研究任务工作量在所有参与者中分布得较为均衡。[5]

2.1.2 商业模式

大多数众包工作平台的商业模式基于向平台上发布任务的用户收取费用。本报告研究的所有平台都对劳动者完成的每一件任务收取评估费。评估费以百分比的形式，与平台用户支付给劳动者的报酬挂钩，通常在对完成的任务支付报酬之前，对任务进行评估。

一些平台，如 Clickworker 平台和 CrowdFlower 平台，还在平台上提供设置和管理任务发布的服务项目。这类“全方位服务”解决方案的费用针对平台用户个性定制，根据平台运营商将大型任务分解为发布到平台上重复性的微任务的工作量，费用通常有所不同。另外，对于符合“数据人人可得”计划条件的研究人员和学生，CrowdFlower 平台允许他们“免费”使用平台；平台的其他用户则需支付 3 000 美元的开户费，加上 1 500 美元或更多的使用平台的月度费用。除平台使用费以外，给“贡献者”即完成任务的劳动者的各项费用，以及“与交易有关的费用”均单独开账单支付。[6]

如果任务发布者将任务交给符合特定“资格”的人群——这里的资格指劳动者的工作绩效或个人特点，涉及的内容从年龄、性别和婚姻状况，到劳动者锻炼身体的频率和网购类型等——AMT 平台会向任务发布者收取额外的费用。这类费用要么对每件任务加收固定的金额（0.05~1.00 美元），要么从任务报酬中提取一定比例。[7]

2.1.3 平台的专业化

微任务涉及的工作范围十分广泛，并且不同微任务平台专门从事不同的任务类型。在 AMT 平台网站，用户可以注册为“手工劳动者（Turker）”，完成人们所称的“人类智能任务”，而对于这些任务的内容，平台则完全不知晓。平台服务将任务大至归为 6 种类型：（1）清理数据，包括算法训练；（2）分类；（3）贴标签；（4）情感分析；（5）创建和审核内容；（6）商业中的信息反馈，包括对产品或 App 测试的反馈意见。Microworkers 平台也为创建一系列广泛的任务模版做宣传，这些任务包括但不局限于：调查研究、图像分类标签粘贴、营销宣传互动、视频质量评分、产品分类、文件抄写、数据采集、视频和音频文本转录以及排列事件的顺序。

Clickworker 平台也提供各类信息化的微任务，平台网站首页明确指出，平台用户“使用我们的云服务，基于人类智能完成您的工作任务”。[8]网站首页还突出了 7 项服务，包括：（1）书写［如搜索引擎优化（SEO）文本生成］；（2）网络搜索；（3）分类；（4）标记（如图像分类和标记）；（5）问卷调查；（6）人工智能训练数据；（7）数据管理（即产品特点识别）。在本研究报告分析的微任务平台中，Clickworker 平台是唯一一家提供通过手机 App 完成任务的平台，平台允许商家监督“品牌宣传活动”，收集或确认现场的定位数据。[9]

CrowdFlower 平台具有某种独特性；平台供数据科学领域的计算机程序员优化使用，这些程序员验证数据集，或者为训练机器学习算法准备数据。将平台用于其他用途，如开展问卷调查，在技术上是可行的，但是，这需要平台用户额外做一些工作，要将任务转换为 CrowdFlower 平台的模式。这种模式要求多名劳动者对多排数据中的每排数据进行反复“判断”。[10]CrowdFlower 平台还专门研究重复性的微任务，包括数据研究、文本转录、分类、用于产品介绍的文本制作等。[11]

Prolific 平台是本报告研究的所有平台中最具专业性的平台，它只专注为开展调查研究提供一个平台，并且提供针对研究的特色服务，如对各种各样复杂的人口进行筛查和对其他筛查结果进行过滤。虽然 Prolific 平台专注于问卷调查和实验活动，但是，将其他类型的任务“伪装”成问卷调查也是有可能的。[12]

2.2 平台上的工作描述

为了更好地了解众包劳动者开展的各类不同的任务，国际劳工组织 2017 年开展的调查要求受访者描述他们通常在平台上做的5种不同类型的任务。受访者的回答多种多样，很难根据现有的类型学——比如Gadiraju、Kawase和Dietze（2014）提出的类型学，将这些任务进行分类。为此，我们开发了包含10种任务类型的较为详细的分类法，既可以根据不同平台上的平台用户提供的服务项目对任务进行分类，也可以根据劳动者执行任务所需的技能对任务进行分类。在本报告中，我们根据平台用户或任务发布者提供的服务项目对任务进行分类；并且，在可能的情况下，我们展示为执行某个具体服务项目的任务所需的不同技能。下面内容对各种任务进行了描述，例证和图表均来自调查问卷的回答结果，或者来自对部分受访者开展的后续访谈。

数据采集：运用大众来收集任务发布者（平台用户）需要的具体元数据。内容包括，寻找企业的地址或其他联络信息，如企业电子邮箱、企业所在位置等。需要找到、复制这些信息，并将其放到表格或回答栏里。

> 信息搜寻：雇主给我一个学校的名称，我必须找到有关该学校的信息，例如，学生和老师的人数、学校地址等。（Microworkers平台的受访者，美国）

数据采集也包含信息收集，但只能在特定的地理位置获得信息。例如，Clickworker平台与Streetspotr平台在“移动众包”领域进行合作。这类众包任务通常要求劳动者收集有关当地商店的产品销售信息。可能要求劳动者检查和观察某一特定品牌产品是否有货，拍一张展示在货架上的产品照片，或者要求劳动者根据看到的销售情况，做出主观的评价。

分类：分类的任务涉及将不同主体划分到不同组别中。一些任务发布者或网站发布的分类任务需要使用大量的词汇，对某种类型的任务进行描述（如粘贴标记、做书签标记、定位等）。具体实例包括，根据布料颜色、图案、样式/风格、领口等，对图片中展示的一块布料进行分类；挑选所有包含小轿车的图像；或者，根据写作风格对书籍进行分类。

> 这些任务通常被认为是“容易的和能快速完成的”，并且“不用太多思考”。（CrowdFlower平台的受访者，美国）

内容访问：内容访问涉及推销某一特定产品的任务，包括搜索引擎优化（通过增加网站的流量）和App测试。典型的任务包括：与网站或服务机构签约（“创建一个Google账号，账号名称从fakenamegenerator.com网站随机获得”）；[13]在Google、Amazon或类似网站上输入一个具体的搜索条目，滚动鼠标，找到任务发布者规定的链接或者产品，然后访问该网页；在YouTube上观看一个视频，点击“喜欢”；在竞赛中，投票支持某人或者某件产品；转发社交媒体网站Twitter上的信息；或者，下载并安装智能手机应用程序。

此类任务通常用于人为地创造网站流量，以提升网站的评级。一些计算机科学家将这类工作称为恶意的宣传，因为他们操纵网络系统中的信息（Choi，Lee 和 Webb，2016）。虽然机器创造的人工流量可以通过算法来识别，但是，这种人类创造流量的形式难以察觉。[14]识别这种类型的“假流量”甚至更加困难，因为任务发布者采取了确保这种做法不易被发现的措施，例如，要求用户账户具有一定的“资质”，如图 2.1 所示。

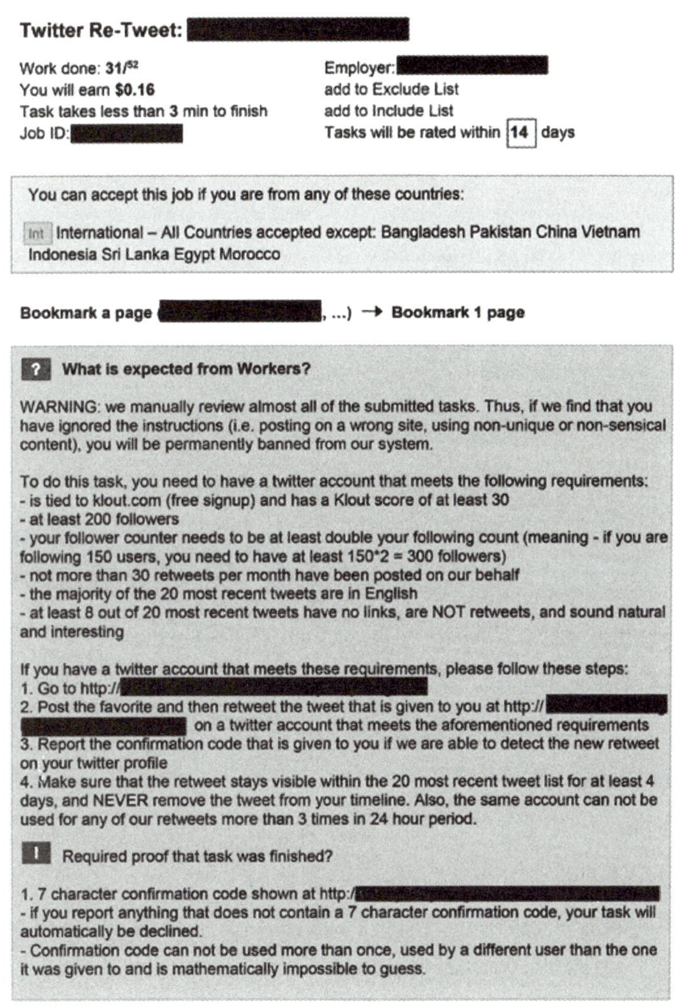

Twitter Re-Tweet: [redacted]

Work done: **31/52**
You will earn **$0.16**
Task takes less than **3** min to finish
Job ID: [redacted]

Employer: [redacted]
add to Exclude List
add to Include List
Tasks will be rated within **14** days

You can accept this job if you are from any of these countries:

Int International – All Countries accepted except: Bangladesh Pakistan China Vietnam Indonesia Sri Lanka Egypt Morocco

Bookmark a page ([redacted], ...) → **Bookmark 1 page**

What is expected from Workers?

WARNING: we manually review almost all of the submitted tasks. Thus, if we find that you have ignored the instructions (i.e. posting on a wrong site, using non-unique or non-sensical content), you will be permanently banned from our system.

To do this task, you need to have a twitter account that meets the following requirements:
- is tied to klout.com (free signup) and has a Klout score of at least 30
- at least 200 followers
- your follower counter needs to be at least double your following count (meaning - if you are following 150 users, you need to have at least 150*2 = 300 followers)
- not more than 30 retweets per month have been posted on our behalf
- the majority of the 20 most recent tweets are in English
- at least 8 out of 20 most recent tweets have no links, are NOT retweets, and sound natural and interesting

If you have a twitter account that meets these requirements, please follow these steps:
1. Go to http:// [redacted]
2. Post the favorite and then retweet the tweet that is given to you at http:// [redacted] on a twitter account that meets the aforementioned requirements
3. Report the confirmation code that is given to you if we are able to detect the new retweet on your twitter profile
4. Make sure that the retweet stays visible within the 20 most recent tweet list for at least 4 days, and NEVER remove the tweet from your timeline. Also, the same account can not be used for any of our retweets more than 3 times in 24 hour period.

Required proof that task was finished?

1. 7 character confirmation code shown at http:/ [redacted]
- If you report anything that does not contain a 7 character confirmation code, your task will automatically be declined.
- Confirmation code can not be used more than once, used by a different user than the one it was given to and is mathematically impossible to guess.

图 2.1　内容访问的任务实例

资料来源：重现 Microworkers 平台上的实际任务，任务于 2017 年 10 月发布。

验证和确认：要求劳动者验证和“清理”现有的数据或分类，或者确认一些内容的有效性。具体实例包括：“验证分类是正确的还是错误的”，“观看一系列图像，验证图像与某个标签是否相匹配”，“找出时尚产品的复制品”，或者验证和确认提供的数据是否有效，如图 2.2 中的任务实例所示。

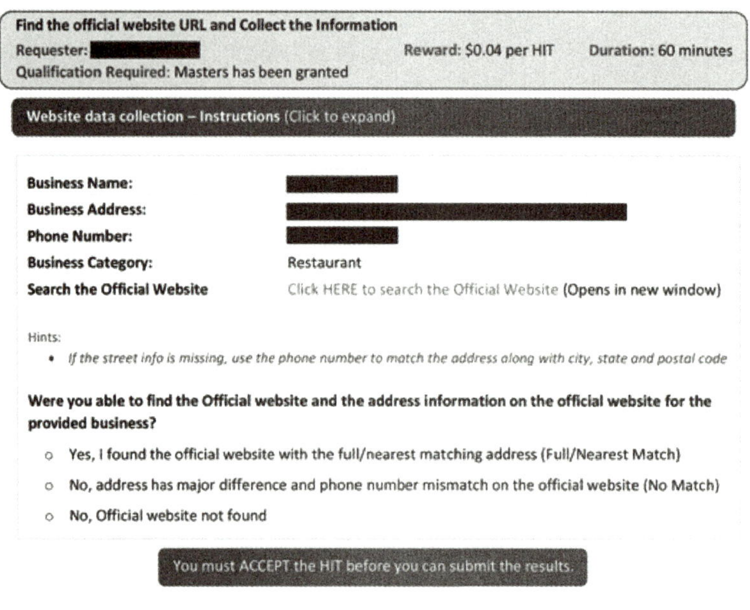

图 2.2 验证和确认的任务实例

资料来源：重现 AMT 平台上的实际任务，任务于 2017 年 10 月发布。

内容审核：内容审核涉及“对发布到互联网站、社交媒体平台和其他在线媒体上的用户创作的内容进行筛查”（Roberts，2014，p. ii）。根据具体的指导原则，审查发布到网站上的任何材料是否违反当地法律、社会准则或者相关的平台指导原则，要求劳动者对文本、图像和视频内容进行审核。内容审核在第五章的专栏 5.1 中做了较为详细的探讨。

市场研究和评价：此类任务要求劳动者对某件产品、某项服务或某个景点进行评价或评级。评价可呈现多种形式，从“神秘的购物”，即某人去一家商店（实体店或网店）购买东西，对提供的服务进行评级，到评价和测试 App；或者，对劳动者从未体验过的事情、景点、餐馆、酒店或服务凭想象做出评价。要求劳动者对某一实体或某一概念表达自己的感受或情感，或者要求劳动者判断现有的内容是否传递了某种情感。

另外，任务还要求劳动者判断有关的陈述、图像或视频是否给人们传递了某种质量等级的感受。例如，对提及某一特定品牌的在线论坛的陈述，需要判断陈述内容对该品牌所起的作用是正面的、中性的，还是负面的。一名受访人员描述了一项任务，在任务中，他必须“观看 100 人做的月球漫步的视频，并对这些人的月球漫步效果从 1 至 10 进行评级”（AMT 平台受访者，美国）。

人工智能和机器学习：此类工作涉及与收集材料有关的任务，这些材料用于机器学习或人工智能。正如前面所提及的，我们这里所指的人工智能并非最初的智能领域，最初的智能领域是创建自动化系统，以便解决问题。确切地讲，我们所指的人工智能是要训练机器学习算法。这方面的一些实例包括，“对日常物体运动录下 10 个视频短片”，“运用手提电脑摄像头录下 30 个手势视频”，“围绕指定的物体画一个边界框”，或者“将几个短句录入到您的浏览器中”。图 2.3 显示了机器学习任务，此任务涉及运用手提电脑摄像头，录下劳动者在空中写字母和数字的 40 个视频。此类工作还包含与编制程序和编码有关的任务，或者与运用数学或逻辑方法解决问题有关的任务。

NEW Record 40 videos of drawing letters and digits in the air using your laptop camera

Jobs: 594
Time limit: 120 min

EUR 1.20 per job

Instructions

When accepting this task, you will see the following interface:

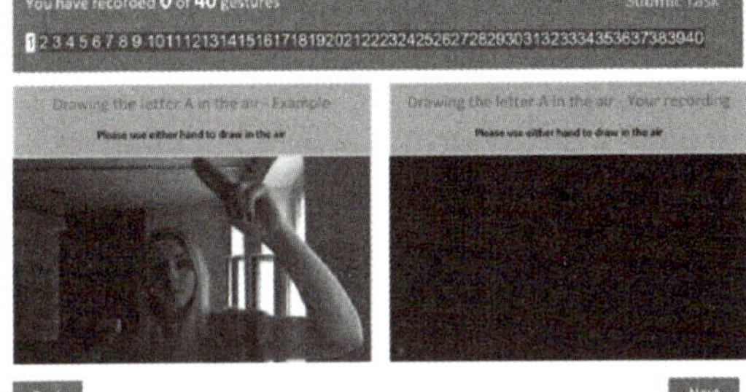

When recording each of the 40 videos, please do the following:

- Play the video on the left, which shows an example of the letter or digit.
- Press the red recording button on the right hand side.
- Wait until the countdown has finished.
- Perform draw the letter within 3 seconds.
- Replay the video to make sure that the recording has worked, that the letter or digit is clearly visible and that it is not cut off at the beginning nor at the end.
- If needed, re-record the video by pressing the record button again.
- If the video is ok, please proceed to the next one.
- When you have recorded all 40 videos, the "Submit Task" button becomes active at the top and you can finish up your submission.

Some Hints:

- Your work will be reviewed by our support team and depending on the number of submissions we get, it can take some time until you receive your payment.
- Please make sure that the letters and digits are performed as shown in the example video. However, you may use either hand and you should draw the letter like you would normally write it on paper.
- Please make sure to not confuse left and right (which can easily happen because of the "mirroring" setup)

IMPORTANT: Can I do multiple submissions?

- Yes, you can, but only do up to 10 submissions.
- For each submission, please vary the background behind you by moving your laptop or computer to a different location.
- For each submission, please vary the lighting conditions a little bit.
- For each submission, please vary the distance to the camera a little bit.
- Ideally, have a different person draw the letters / digits for every submission.
- Please keep in mind that the support team might reject your submission if they feel that the submissions are too similar!

图 2.3 机器学习的任务实例

资料来源：重现 Clickworker 平台上的实际任务，任务于 2017 年 10 月发布；照片来自屏幕截图。

文本转录：任务要求劳动者对来自各类不同媒体的信息，如音频、文本、照片或视频进行文字整理，将信息转为书面的形式。这类任务的实例包括：图片中看到的数字或字母（类似于验证环节，例如车牌照）；在超市货架的照片上，清点某个品牌产品的数量；摘录购物小票上购买的物品或商业信息；或者将音频或视频文件中的对话用电脑打出文字内容。图 2.4 展示了文本转录任务，任务要求劳动者将购物小票图片中的有关地址和其他详细信息转录成文字。通常，劳动者意识到这类任务最终会消失，因为正在开发的系统会淘汰这类工作。对比今日，光学字符识别（OCR）是几年前非常频繁开展任务的一个例证。[15]

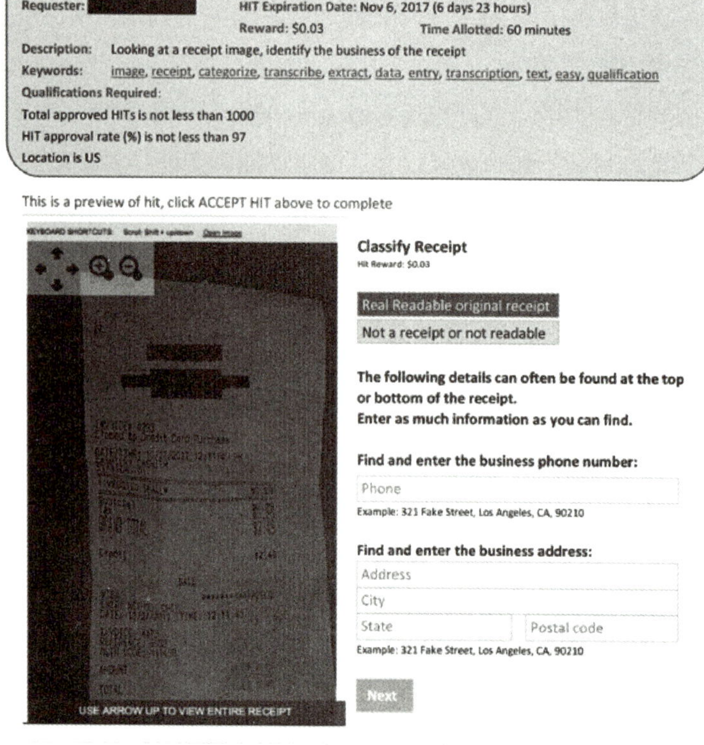

图 2.4 文本转录的任务实例

资料来源：重现 AMT 平台上的实际任务，任务于 2017 年 10 月发布；照片来自购物小票屏幕截图。

内容创作和编辑：内容创作和编辑任务要求劳动者创作新的内容，或者校对、编辑或翻译现有的材料。有关的内容通常以文本的形式呈现，但也可能以其他媒体形式呈现，如绘图设计。任务还可能以博客或百科全书条目、短文或插图的形式呈现。主题范围似乎无限，而且，主题无须与劳动者的背景有关。内容创作所需的技能差异极大，从书写技能到制作图表。图 2.5 显示了有关连环漫画设计的内容创作任务，完成此任务需要较高的艺术才能。来自美国的一位拥有历史学位的受访者提及自己撰写的文章，主题从“艾滋病研究”“智能汽车以及人们对智能汽车的反应”，到“在您的车库里安装诸如柜子这类部件”“车窗颜色”以及“射钉枪造成的伤害”。完成这类任务需要的时间可能远远多于完成其他类型任务所需的时间，但是仍能在微任务平台上找到这类任务。通常，这类任务被放到专注特定内容的平台上，像专注文本写作的平台（如 scripted. com、content. de）或专注设计的平台（如 jovoto. com、99designs. com）。

TTV-Copy + Scan a Comic [C3]

Work done: **32/50**
You will earn: **$0.5**
Task takes less than **20** min to finish
Job ID: [redacted]

Employer: [redacted]
Workers in this Group: **8995**
Max positions per worker: **1**
You already submitted: **0**
Tasks will be rated within **5** days

图 2.5　内容创作的任务实例

资料来源：重现 Microworkers 平台上的实际任务，任务于 2017 年 10 月发布；受到原始任务中 Charles Shulz 制作的连环漫画的启发，Christian Brunner 用此漫画对任务进行图解。

问卷调查和实验活动：企业依靠大众来了解消费者的行为与意见，学术研究人员则通过大众获得他们对某些研究专题的看法。劳动者参与的问卷调查研究与市场研究之间可能存在某些重叠。问卷调查呈现多种形式和不同的篇幅，涉及广泛的主题，包括道德思想方面的实验活动或合作型的游戏。例如，一位受访者对“游戏”做的描述是，某人与其他人进行互动，根据做出的选项，参与者有可能获得某种奖励。

2.3　平台服务条款

很多平台拥有“服务条款”文件，文件具有某种合同的效力。[16]技术用户（Obar 和 Oeldorf-Hirsch，2016）很少阅读这些文件的内容，更不用说详细审查了，然而，这些文件对于网络微任务劳动者十分重要。

问卷调查结果可以让人们了解劳动者的工作条件，而平台服务条款可对劳动者的工作条件提供补充信息。这种补充信息是通过服务条款中用户与平台及用户与平台上其他人之间互动的构架和监管的相关规定提供的。服务条款对众包劳动者工作报酬的支付方式和支付时间、工作产品的评估方式，以及当出现问题时劳动者是否有求助手段，都做出相应的规定。服务条款还概述劳动者、平台运营商和平台用户的责任和义务。

更广泛地讲，服务条款提出了劳动者的关切，类似于有关消费者权益更普遍的软件使用条款提出的关切（Pasquale，2015）。通过分析本报告中每家平台的服务条款，本节简要讨论这些条款中存在的一些普遍性的问题，并将服务条款作为一个潜在的可进行干预的场所进行论述，以便改善网络平台劳动者的工作条件。

2.3.1 不利于用户的定式合同

长期以来，使用条款和终端用户专利使用权转让协议（EULAs）针对软件消费者产生了很多问题，网络就业平台服务条款对劳动者也产生了同样的问题（Cherry，2014）。[17]平台服务条款十分冗长，不易理解；完全由平台运营商单方面书写的合同没有协商的余地。因此，条款保护的是平台运营商的利益，条款内容并未包含劳动者的权利。除了删除自己的账号和不再使用平台外，劳动者没有求助的渠道。考虑到这类形式的合同影响到成千上万的劳动者，改进这方面情况会对劳动者产生十分积极的影响。

很多服务条款由于复杂和冗长，人们难以阅读。条款由律师书写，内容充满了技术术语，对于普通的劳动者神秘莫测。原始文件通常包含无数个子文件，如个人隐私政策，或对劳动者用户和平台用户更具体的单独文件。全部加在一起，文件通常长达 1 万多字，甚至这还不是全部，有些文件指出，用户与平台之间的“协议”不仅包含条款文件和直接引注，还包含时不时在网站上出现的其他政策。[18]在这种情况下，对于同意并已签字的条款，劳动者甚至不完全知晓其全部内容。

条款文件的复杂、冗长和不明确的特性，加上大多数服务条款在不合时宜的时间呈现给用户让他们全面阅读，在此情况下，即便用户有时间、有愿望或有能力，也无法做到全面理解文件内容。虽然大多数服务条款文件通过搜索引擎易于找到，但是，不是所有文件都与网站首页或者平台网站上常问的问题（FAQ）链接。更令人困惑的是，平台网站（例如，与主页页脚和用户登记表相链接）的各类文件不总具有连贯性。[19]这种情况造成用户缺少动力提前阅读条款，或将阅读条款作为分析是否注册某一网站的考虑因素。然而，更有可能的情况是，（在用户已花费时间填写了大量的栏目以后）在用户报名加入平台那一时刻，一个醒目的条款链接呈现在用户眼前。此时，用户通常不得不在签字表上为此栏目打勾，表明他们同意平台的条款。在签字时，极少有用户停下来仔细考虑他们同意的条款的内容。

极少数用户能随着时间推移掌握服务条款的更新情况。大多数文件都有相关规定，允许平台运营商在任何时候修订或更新条款内容。一些文件要求用户“时常”“检查”条款所在的页面，以便确定条款内容是否有变化，这进一步加大了用户的负担。[20]有利于劳动者的条款应承诺至少通过电子邮件告知劳动者条款的修改情况，并且有些条款甚至指定某段时间让劳动者就修订内容发表意见或提出问题；但是，本报告分析的5家平台均未能做到这点。[21]

然而，目前尚不清楚如何收到劳动者的反馈意见或关切。与大多数软件授权许可的合同类型相同，微任务平台服务条款也是“定式合同”，即只由双方中的一方书写合同，另一方只能表示同意或不同意。对于网络就业平台，劳动者不同意则意味着只能选择不使用平台。几十年来，人们一直在探讨定式合同的合法性（Kessler，1943；Wilson，1965）；并且，针对消费者的权利，律师对于这类形式的软件使用权转让协议也表示担忧（Goodman，1999；Kim，2013）。在就业平台的情况下，丧失谈判权对劳动者尤其不利，因为服务条款不仅涉及劳动者对软件工具的使用，还用于调节诸多方面的劳动者的就业条件，包括通过平台调解劳动者与平台用户之间的关系（如报酬支付条件、工作产品接收和拒收的程序和时间表）。

2.3.2　将服务条款作为可进行干预的场所

尽管人们对目前制定的服务条款存在诸多忧虑，但是服务条款是促进劳动者权利得以保护的一个领域。正如一些人所建议的，要进行适度的干预，让非专业的普通读者能读懂文件。类似于知识共享机构（Creative Commons）软件使用许可证“人类易读”版本[22]，“服务条款；未阅读（TOS；DR）”[23]项目试图为重要网站和互联网服务机构提供易于读懂的服务条款概览与评价。监察项目 FairCrowdWork. org 网站由德国最大的工会组织德国金属行业工会建立，旨在阐明各类不同众包工作平台的工作条件，并特别提供对一些平台服务条款的评估情况。然而，保持服务条款概览处于最新状况是一项巨大的挑战。解决此问题的一个方法是要求平台运营商通过最新法律政策、公平劳动认证，或通过集体谈判协议，以易于理解的形式制定自己的服务条款。

另外，作为重要的法律文本，服务条款有助于构建平台上所有用户——劳动者、平台运营商和平台用户——之间的关系，可对全面构建网络劳动关系进行潜在的干预。由于一家平台的条款文件即可覆盖平台上的全体劳动者，因此少数几家主要平台对条款文件做出有利于劳动者的修订，就会对全球成千上万的劳动者产生重大的影响。这些条款就是等待被重新写入合同，并且，再次重申，对于新政策、公平劳动认证群体、工会和劳工组织，条款是一个传导能量的重要途径。在第六章，我们将简要叙述改善工作条件的 4 个主要领域，以及如何通过修订服务条款使工作条件更加有益于劳动者。

注释：

1 参见 AMT 平台网站首页 https：//www. mturk. com。

2 参见 AMT 平台：Participation agreement，section 3a，更新日期：2014 年 12 月 2 日，网址：http://mturk. com/mturk/conditionsofuse ［2017 年 5 月 13 日］。

3 参见 http://help. prolific. ac/general/how-is-prolific-different-from-mturk-co。

4 参见 https://www. gov. uk/hmrc-internal-manuals/employment-income-manual/eim71105。

5 参见 http://help.prolific.ac/general/how-is-prolific-different-from-mturk-co。

6 参见 https://www. crowdflower. com/pricing/［2017 年 10 月 1 日］。

7 参见 https://requester.mturk.com/pricing ［2018 年 1 月 18 日］。

8 参见 https://www.clickworker.com/。

9 参见 https://www. clickworker. com/solutions/?show=mobileCrowdsourcing。

10 参见《CrowdFlower 平台问卷调查指南》，指南的前三段为免责声明，并以下列注释结束："由于平台不是从事问卷调查的专业平台，因此，支持小组不具备为实施细节或工作设计提供帮助的条件。您可能会看到工作中实际劳动者数与外部调查获得的劳动者数有差异，对此我们不承担任何责任。" 参见 https://success. crowdflower. com/hc/en-us/articles/201855969-Guide-To-Running-Surveys。

11 参见 http://faircrowd. work/platform/crowd-flower/。

12 这方面的一个实例是针对德语为母语的人员的问卷调查，要求参与者基于英语各类主要单词，用德语阐述有关自然发声的问题，如"不需要牛奶的食谱"。这也许应属于语言研究的范畴，可以想象，类似的任务会被运用到训练人工智能或搜索引擎优化。

13 在 Microworkers 平台上发现的任务。

14 Choi、Lee 和 Webb（2016）分析了 Microworkers 平台上的恶意宣传，批评的目标直指脸书（Facebook），在通过宣传创造的 800 个"假"点赞中，只有 59 个（7%）被脸书识别出来，这些"假"点赞随后被删除。另一项研究（Lee，Webb 和 Ge，2014）显示，只有大约 1/4（24. 6%）受操纵的追随者被 Twitter 识别出来。

15 光学字符识别是模式识别、人工智能和计算机视觉方面的一个研究领域。光学字符识别将图像、打字或手写的文本，运用机械的或电子的方式转换成机器编码文本。"开发的系统可自动完成这类工作，但目前这种类型的工单（HITs）极少发布"。（公平众包工作，AMT 平台综述，见网站 http://faircrowd. work/platform/amazon-mechanical-turk ［2018 年 1 月 18 日］。）

16 在本报告中，"服务条款"是最通用的名称，它指管控劳动者和平台用户使用网络就业平台的协议，以及调节劳动者和平台用户与网络就业平台之间关系的协议。本报告研究的各家平台在使用的名称方面不尽相同。AMT 平台："亚马逊劳务众包平台参与协议"；CrowdFlower 平台："总服务条款"；Clickworker 平台："总条款和条件（Clickworker 平台劳动者）"和"总条款和条件（任务发布者）"；Microworkers 平台："使用条款"；Prolific 平台："Prolific 学术参与人员服务条款"和"Prolific 学术研究人员服务条款"。大多数文件在开头就明确阐述，条款包含链接的其他文件，如网站使用的一般条款、针对劳动者的条款和隐私政策。本报告服务条款中的参考文件需要阅读，并作为所有文件的组成部分，共同构成平台运营商与平台使用者之间的协议。

17 Cherry 有关合同法的短故事《终端用户专利使用权转让协议（EULA）的颂歌》是有关此方面内容的简短和有用的历史回顾，是寓教于乐的法律小说。

18 参见 AMT Participation Agreement，最近更新日期 2014 年 2 月 2 日，网站 https://www.mturk.com/mturk/conditionsofuse［2017 年 9 月 12 日］。前言包括声明："本协议包括文件中规定的条款和条件，加上时常出现在网站上的所有可实施的政策、程序和/或指导原则……"还可参见 Prolific 学术网站的使用条款，该文件无版本号，网址 http://prolific.ac/terms［2017 年 8 月 25 日］，章节名称为"Variations"，包括如下规定："网站上发布的规定或通知可以取代使用条款中包含的一些规定。"

19 例如，与 CrowdFlower 平台网站首页链接的条款包含"总服务条款"，涉及"完成任务的人类劳动者（contributors）"，并且在截至发稿前声称，"总服务条款"最近一次更新日期是 2015 年 10 月 13 日（参见网站 https://www.crowdflower.com/legal/）。与此相比，CrowdFlower 平台劳动者注册登记表中链接的文件指向"条款和条件"，网址 https://elite.crowdflower.com/index.php? view = terms。除了名称和 URL 有所不同，修订日期标注为 2015 年 3 月 2 日，表明这可能是一个版本较老的文件。尽管显而易见的是除名称外其他无变化，但人们仍担心，两份不同的文件对应两个不同的链接，而两者均声称是某人同意的"那个"条款。

20 参见《Prolific 网站使用条款》，op. cit.，章节名称为"Variations"，做出了如下陈述（重点是作者后加的）："我们可能在任何时候，通过修改本网页修订使用条款或服务条款。希望您经常检查此网页，关注我们做出的任何修订情况，因为这些修订对您是有约束力的。网站发布的规定或通知可以取代使用条款中包含的一些规定。"

21 例如，德国的内容创作平台 content.de，网址 https://www.content.de/common/content/p/contractor_tos［2018 年 1 月 18 日］，阐述了劳动者在收到服务条款修订的书面通知的 1 周内，可以对修订内容提出反对意见："12. Änderungsvorbehalt content.de wirdim-Falle einer Änderung der Allgemeinen Geschäftsbedingungen den Autor hierüber informieren. Die neuen Geschäftsbedingungen treten zwei Kalenderwochen nach Zugang in Kraft，es sei denn，der Autor hat den neuen Allgemeinen Geschäftsbe-dingungen schriftlich widersprochen. Der Wid-erspruch ist nur in schriftlicher Form gültig und muss innerhalb von einer Woche nach Zugang der Änderungsmitteilung erfolgen."

22 参见"知识共享（Creative Commons）"：有关赋予版权的网址 https://creative-commons.org/licenses/［2017 年 9 月 13 日］，章节"Three 'layers' of licenses"。

23 TOS；DR 是一个剧本，缩略语为"TL；DR"，意思是"太长了；未阅读"。在本案例中，它表示"服务条款；未阅读"。正如其网站标语所阐明的，"'我已阅读，并同意条款'，是网络上最大的谎言。我们的目标是要解决此问题"（https://tosdr.org/［2017 年 9 月 13 日］）。

印度众包劳动者

© Vinit R. Agarwal

第三章

众包劳动者基本情况

国际劳工组织对众包劳动者开展了两次问卷调查。第一次于 2015 年 11 月和 12 月在 AMT 平台和 CrowdFlower[1]平台开展；第二次于 2017 年 2—5 月在 AMT 平台、CrowdFlower 平台、Clickworker 平台、Microworkers 平台和 Prolific 平台 5 家平台开展。调查内容包括有关社会人口统计数据和有关众包工作平台工作任务方面的问题，以及劳动力调查中常见的问题，包括职业、工作年限、从事的多份工作、工时、收入和过去的工作经历等。另外，调查还纳入了有关养老保险缴费、医疗保险、家庭收入和储蓄等方面的问题。

2015 年的调查分为调查问卷 1 和调查问卷 2（受访劳动者要分别完成两项单独的调查“任务”）。调查问卷 1 包含人口统计基本数据，并包含众包工作经历方面的情况，以及识别问卷回答质量的几个问题。调查问卷 2 包含有关工作经验和工作经历方面更详细的问题。2017 年的调查将两份调查问卷合并为一份，通过一轮调查就将劳动者的信息全部收齐，以防止第二轮调查在识别劳动者身份方面出现问题。为了确保调查数据的可比性，2017 年调查问卷问题的措辞与 2015 年相同，但是，2017 年的调查去掉了 2015 年调查中的一些问题，增加了有关平台上从事的任务类型、劳动者对最低工资的意识、纳税等方面的问题，以及有关收入和社会保障方面更详细的问题。[2]2015 年和 2017 年两次调查的最后一个问题都是让劳动者指出，如果有可能的话，他们希望众包工作应在哪些方面有所改进，并给受访者提供了表达他们想要分享的其他观点的机会，以及他们对本次调查的意见。除了获得定量信息以外，文字回答材料为定性研究提供了丰富的资料来源。

发布到平台上的所有调查问卷都被列为一项“任务”，对参加调查的人员无限制条件；但是 2017 年 AMT 平台的调查除外，因为其调查希望让更多的印度劳动者参加。[3]由于没有可获取平台众包劳动者的随机的和有代表性的样本数据库，研究人员在一天的不同时段在平台上发布调查问卷，问卷可在先到先得的基础上完成。虽然劳动者是自主选择参加问卷调查，但在此方面有表达观点愿望的人员，比其他人更加积极和主动参与，这与类似情况下其他研究人员观察到的情况相同（Marshall 和 Shipman，2013）。

作为2017年问卷调查的后续跟踪，2017年8月，通过Skype网络电话，研究人员与21名劳动者以半结构化的方式开展了访谈，更好地了解了劳动者的工作动机、从事的任务类型、对众包工作的满意度，以及众包工作对个人生活和职业生涯（技能发展或提高）产生了何种影响。

2015年，调查问卷1共涉及1 167名符合条件的受访对象，其中，814名来自AMT平台，353名来自CrowdFlower平台（见表3.1）。由于CrowdFlower平台未给劳动者赋予唯一的身份识别号码，因此，无法邀请这些劳动者参加调查问卷2。来自AMT平台认真完成了调查问卷1的789名受访对象，被邀请参加了调查问卷2。在这789名受访对象中，661人（84%）全部完成调查问卷2，17人（2%）部分完成，111名（14%）未回答。2017年，在3 345名被调查的人员中，约30%的人员被排除，原因是（1）他们只部分完成调查问卷（14%），（2）他们未足够认真地完成，或未运用算法完成（11%），（3）他们使用了多个账号或多个平台完成（5%）。2017年的最终样本包含2 350名合格的受访对象，其中，489名来自AMT平台，355名来自CrowdFlower平台，455名来自Clickworker平台，495名来自Prolific平台，以及556名来自Microworkers平台。

表3.1 按平台划分的调查样本，受访者人数

		2015年（问卷1）	2015年（问卷2）	2017年
AMT	美国	686	573	231
	印度	128	104	251
	其他国家	0	0	7
CrowdFlower		353		355
Clickworker				455
Prolific				495
Microworkers				556
总计		1 167	677	2 350

资料来源：2015年（调查问卷1和调查问卷2）和2017年，国际劳工组织对众包劳动者开展的问卷调查。

除了采用国际劳工组织开展的调查结果外，本报告还运用工会组织联合开展的调查研究定性数据，即德国金属行业工会与奥地利工会共同开展和资助的调查（以下简称IGM调查）。[4]作为开发faircrowd. work网站的一个组成部分，2016年10月至2017年3月，德国金属行业工会与奥地利工会在下面6家平台开展了有关工作条件的初步调查：AMT平台、Clickworker平台、CrowdFlower平台、MyLittleJob平台、Prolific平台和Upwork平台。尽管IGM调查样本规模相对较小，每家平台有22~50名受访对象，6家平台共计228人，但是，受访对象自由回答的大量的文字材料提供了有用的、有深度的定性数据，为国际劳工组织开展的大规模定量调查做了很好的补充。

除了人口统计基本数据外，IGM调查主要覆盖7个领域：（1）受访对象的工作经历和平台工作经验，包括工作流程的自主性与可控性；（2）平台任务的质量，包括在多大程度上劳动者认为工作任务是合乎道德的、有意义的、有趣的和/或有害的；（3）劳动者获得报酬和无报酬的经历；（4）劳动者与平台管理方、平台用户之间，以及与其他劳动者之间沟通情况评估；（5）劳动者在评价和评估体系方面的经历，包括在多大程度上劳动者认为评价和评估体系是公平的；（6）平台技术的可用性和可靠性；（7）劳动者总体上喜欢和不喜欢的事情及其他评述。所有参加问卷调查和访谈的众包劳动者都获得了参与费，所得金额与受访对象居住在哪个国家无关。

3.1　地理覆盖面

2015年问卷调查覆盖51个国家的劳动者，2017年问卷调查覆盖75个国家（见附件1中的表A1.1）。调查结果表明，众包工作主要集中在城区，每5名劳动者中有4名居住在城区或近郊。本报告研究的5家众包工作平台几乎遍布全世界所有地区，巴西、印度、印度尼西亚、尼日利亚和美国，以及西欧和东欧的劳动者最具代表性（见图3.1和附件1中的表A1.1）

AMT平台主要雇用美国和印度劳动者，占比分别为75%和18%。[5]在2017年的调查样本中，52%来自印度，47%来自美国，1%来自其他5个国家。Clickworker平台的受访对象居住在22个国家，绝大多数来自欧洲（德国占39%，英国占10%，意大利占9%和西班牙占5%），16%来自美国，4%来自印度（见附件1中的表A1.1）。Prolific平台在英国（47%）明显最受欢迎，紧随其后的是美国（39%），其他23个国家的劳动者也使用该平台，主要是欧洲劳动者（占0.2%~2%）。Microworkers平台和CrowdFlower平台的劳动力最具多样性。Microworkers平台大约1/3的受访对象来自美国，10%来自印度，其余受访对象来自遍布全球的52个国家。CrowdFlower平台的受访对象2015年（来自51个国家）和2017年（来自50个国家）国家数量十分接近，这些劳动者主要来自波黑、印度、塞尔维亚、美国和委内瑞拉（见附件1中的表A1.1）。

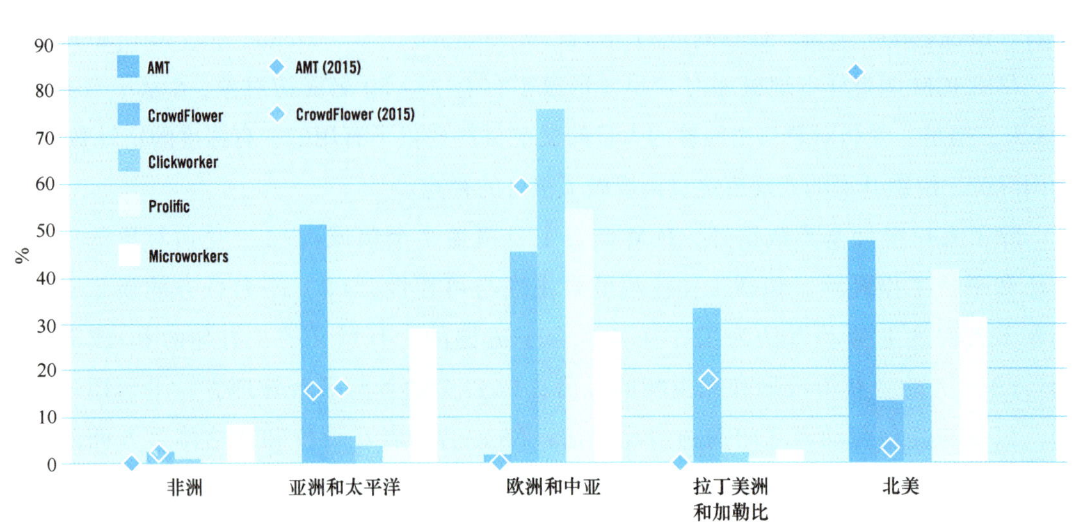

图 3.1　按平台划分，众包劳动者的地区分布

资料来源：2015 年（调查问卷 1 和调查问卷 2）和 2017 年，国际劳工组织对众包劳动者开展的问卷调查。

3.2　众包劳动者基本人口统计数据

2017 年，众包劳动者总体性别分布不均衡（见图 3.2）；在全部样本中，每 3 名劳动者中有 1 名是女性。2015 年，美国 AMT 平台劳动者性别较为平衡（52%是男性，48%是女性）；但是，印度 AMT 平台以及 CrowdFlower 平台劳动者中，男性劳动者数量远远大于女性。与 2015 年相比，2017 年，无论是印度 AMT 平台，还是美国 AMT 平台，男性与女性之间差距有所加大。2017 年，CrowdFlower 平台和 Microworkers 平台男性劳动者数量远多于女性，而 Clickworker 平台和 Prolific 平台男性与女性基本处于平衡状态。在发展中国家，劳动者性别处于不平衡状态，每 5 名劳动者中只有 1 名是女性。

2017 年，众包劳动者的平均年龄是 33.2 岁，略低于 2015 年（34.7 岁）（见图 3.3）。不同平台劳动者年龄有所不同。2017 年，与 AMT 平台上开展任务的美国劳动者 35.8 岁相比，Prolific 平台上的劳动者更加年轻，平均年龄为 30.3 岁。2015 年，印度劳动者（平均年龄 31.8 岁）比美国劳动者（平均年龄 35.5 岁）年轻。绝大多数众包劳动者的年龄位于 25~40 岁，10%的劳动者年龄在 50 岁以上，2015 年和 2017 年年龄最大的受访对象分别为 83 岁和 71 岁。

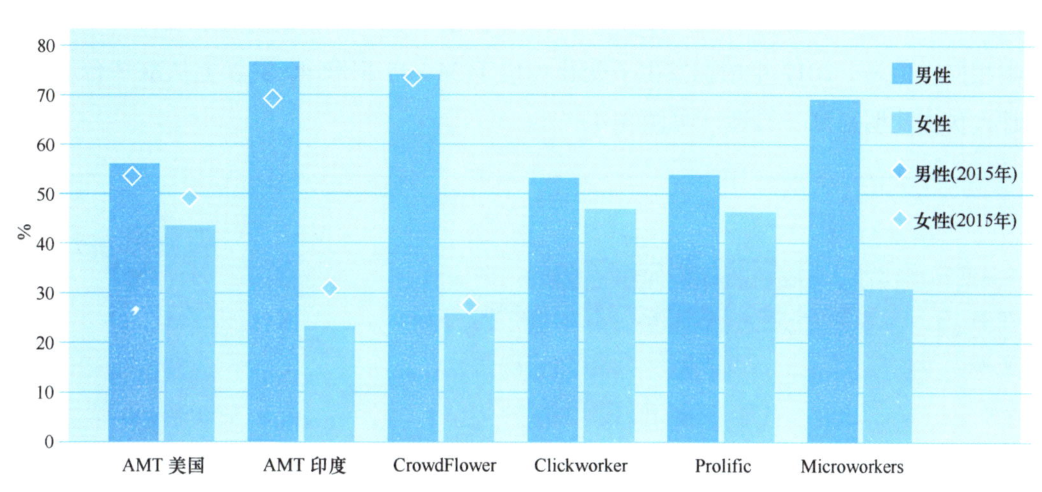

图 3.2 **按平台和性别划分，众包劳动者的分布情况**

资料来源：2015 年（调查问卷 1 和调查问卷 2）和 2017 年，国际劳工组织对众包劳动者开展的问卷调查。

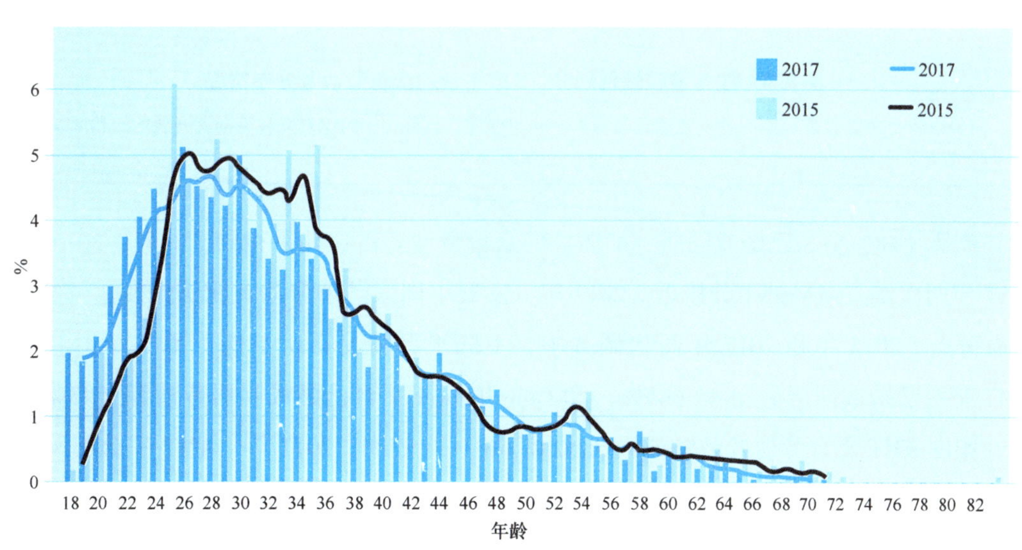

图 3.3 **5 家平台的众包劳动者年龄分布情况**

资料来源：2015 年（调查问卷 1 和调查问卷 2）和 2017 年，国际劳工组织对众包劳动者开展的问卷调查。

众包劳动者年龄存在地区差异。发展中国家众包劳动者平均年龄大约为 28 岁，而发达国家众包劳动者平均年龄为 35 岁。平均来讲，非洲、拉丁美洲和加勒比地区的劳动者比亚洲和发达国家的劳动者更加年轻。2017 年，非洲、拉丁美洲和加勒比地区的劳动者年龄分别位于 18~51 岁和 18~54 岁，亚洲和太平洋地区的劳动者年龄位于 18~65 岁，而发达国家的劳动者年龄位于 18~71 岁。2015 年，位于 26~45 岁的男性和女性劳动者占比基本相同，但是，2017 年情况发生了变化：位于 36~45 岁和 40 岁以上从事平台工作的女性人员占比明显高于男性（见图 3.4）。

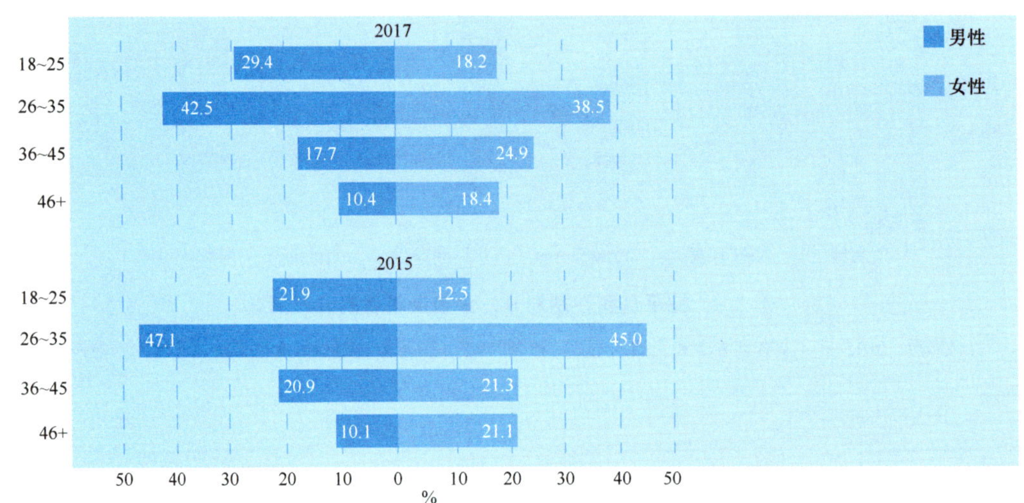

图 3.4　按年龄和性别划分，5 家平台的众包劳动者分布情况

资料来源：2015 年（调查问卷 1 和调查问卷 2）和 2017 年，国际劳工组织对众包劳动者开展的问卷调查。

单身（48%）和已婚或同居（47%）的众包劳动者占比几乎相同，并且，2015 年和 2017 年两次调查结果都十分接近。2017 年，发展中国家已婚劳动者比例比发达国家高 8 个百分点。2015 年和 2017 年两次调查中，不同平台情况有所不同。2015 年，与美国 AMT 平台已婚或同居劳动者（45%）和 CrowdFlower 平台已婚或同居劳动者（43%）相比，印度 AMT 平台劳动者已婚或同居比例（61%）较高。2017 年，AMT 平台美国劳动者已婚或同居的比例较低（41%），CrowdFlower 平台劳动者已婚或同居的比例较高（53%）。在所有 5 家平台中，与印度 AMT 平台未婚劳动者（38%）相比，Microworkers 平台众包劳动者未婚的比例较高（57%）。

另外，独自生活的劳动者比例相对较小（13%）。大约 22%的劳动者生活在拥有两口人的家庭中，23%的劳动者生活在拥有三口人的家庭中，25%的劳动者生活在拥有四口人的家庭中，18%的劳动者生活在拥有五口人或更多人的家庭中。2017 年，与独自生活的印度劳动者比例（1%）相比，AMT 平台单独生活的美国劳动者比例（27%）和

Prolific 平台单独生活的劳动者比例（17%）较高；并且，AMT 劳动者 2017 年调查结果与 2015 年十分接近。2017 年，大约 43%的受访对象家庭中有一起生活的孩子，略高于 2015 年（41%）。在这些劳动者中，80%（2017 年）和 86%（2015 年）的劳动者称，这都是他们自己的孩子。在有孩子的受访对象中，超过 50%的劳动者的孩子年龄低于 6 岁（2017 年 56%，2015 年 61%）。2015 年，与 AMT 平台有年龄小于 6 岁的孩子的美国劳动者比例（16%）相比，孩子年龄小于 6 岁的印度 AMT 平台劳动者比例较高（37%）；2017 年的这一比例与 2015 年十分接近。

众包劳动者受到良好的教育。2017 年，获得中学学历或更低学历的劳动者占比不足 18%。大约 1/4 的劳动者拥有技术证书或获得某种大学教育，并且，37%拥有学士学位，20%拥有研究生或更高学位（见图 3.5）。这些比例在 2015 年和 2017 年两次调查中都十分接近。亚洲众包劳动者的受教育水平相当高，与拥有大学学士学位或更高学历比例最低的非洲劳动者（47%）相比，亚洲劳动者拥有大学学士学位或更高学历的比例达 80%。在所有 5 家平台中，2017 年，AMT 平台的印度劳动者拥有学士学位（57%）和研究生学位（35%）的比例较高，而 Microworkers 平台劳动者拥有学士学位和研究生学位比例为 48%，AMT 平台美国劳动者拥有学士学位和研究生学位的比例为 44%。较高比例（21%）的众包劳动者是青年人，并且，他们目前正在接受大学教育，比例范围从北美的 17%至非洲的 40%。

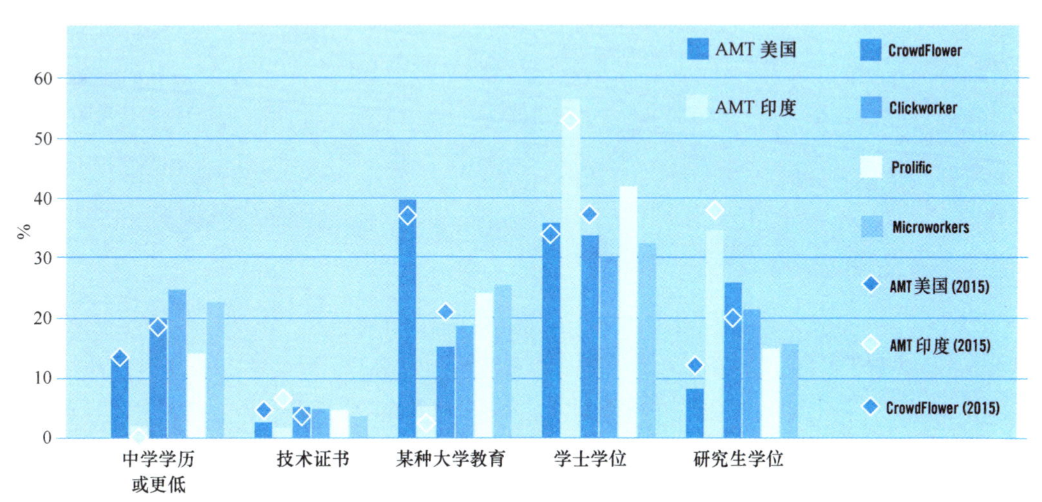

图 3.5 按平台划分，众包劳动者的受教育水平

资料来源：2015 年（调查问卷 1 和调查问卷 2）和 2017 年，国际劳工组织对众包劳动者开展的问卷调查。

网络平台经济中的众包劳动者流动性很大。在从事一段时间的微任务工作后，很多劳动者发现，这些工作并不适合自己的兴趣。正如一名受访对象所说的“众包工作并不适合每一个人，因为，它需要勤奋和拥有技能才能找到足够多的工作，才值得从事这类工作。”然而，由于各种原因，仍有相当高比例的劳动者多年来持续不断地从事众包工作。总体上，56%的问卷调查受访对象从事众包工作超过一年，并且2015年和2017年两次调查结果十分接近。2017年，29%的劳动者拥有3年以上的众包工作经历，比2015年高4个百分点；这种情况表明来自发展中国家的平台劳动者比例较高，他们中的大多数人都受到良好的教育。在亚洲和太平洋地区以及发达国家，超过60%的劳动者活跃在这些平台上1年以上；但是在拉丁美洲和加勒比地区，众包工作似乎是一个较新的事物（48%），非洲的众包工作更是如此（33%）。

在所有5家平台中，AMT平台的印度劳动者拥有最长的工作年限，66%的劳动者在平台上工作时间超过3年。这是由于2012年亚马逊决定限制非美国籍劳动者开立新账号，以便让现有的劳动者在较小竞争下继续从事平台工作。Clickworker平台和Microworkers平台劳动者的工作年限很短，60%的劳动者从事众包工作时间不足1年；这表明要么劳动者进入这些平台比较容易，要么由于发布的任务特点，造成人员流动率大于其他平台（见图3.6）。

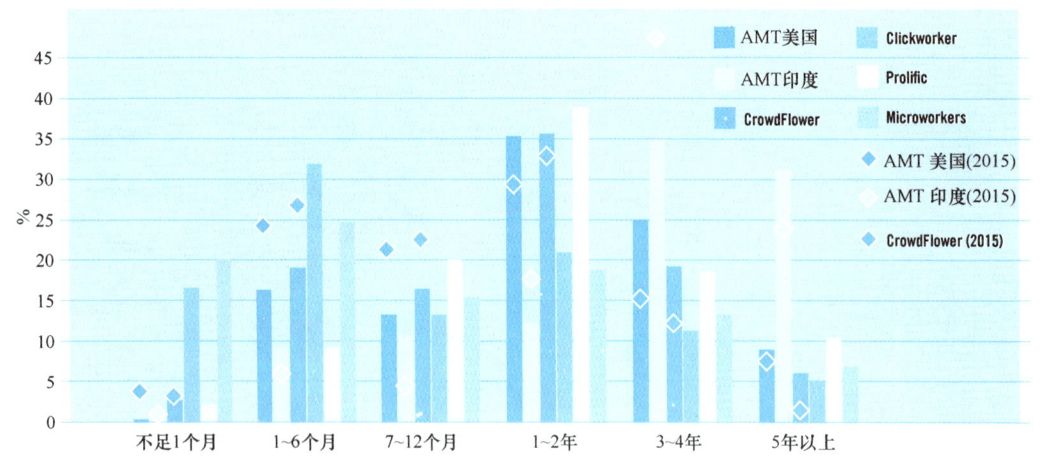

图3.6　按平台划分，众包劳动者的工作年限

资料来源：2015年（调查问卷1和调查问卷2）和2017年，国际劳工组织对众包劳动者开展的问卷调查。

3.3　从事众包工作的原因

问卷调查还询问了劳动者从事众包工作的原因；如果劳动者回答了几个原因，

要求他们确认其中最重要的一个。2017 年，大约 32%的劳动者从事众包工作最主要的原因是“对了对其他工作的收入加以补充”；而 22%的劳动者从事众包工作是因为他们“喜欢在家里工作”。2015 年，回答这两个原因的劳动者比例分别为 20%和 36%。不同平台存在较大差异。在 Prolific 平台和 AMT 平台美国劳动者中，分别为大约 44%的劳动者认为“对了对其他工作的收入加以补充”是最重要的原因（见图 3.7）。

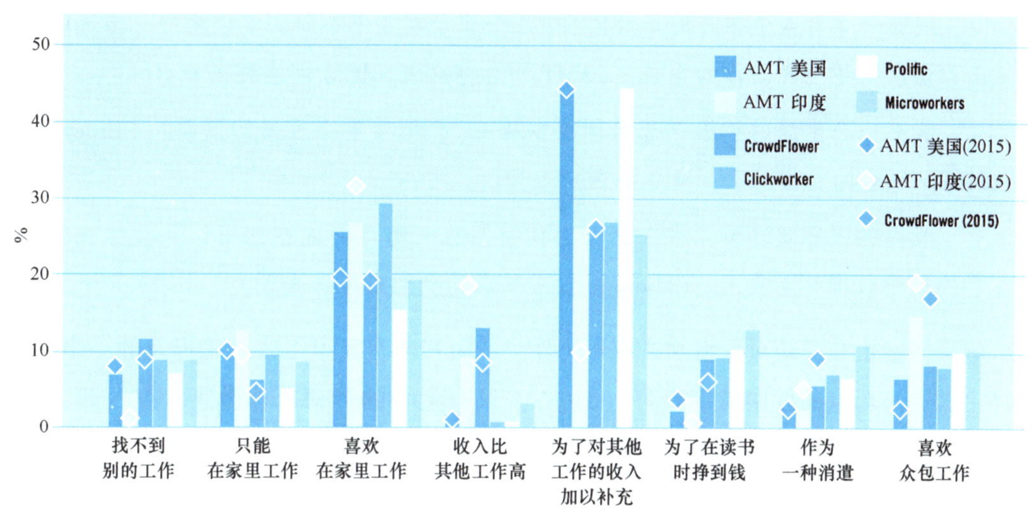

图 3.7　按平台划分，从事众包工作最重要的原因

资料来源：2015 年（调查问卷 1 和调查问卷 2）和 2017 年，国际劳工组织对众包劳动者开展的问卷调查。

这两个原因也是世界所有地区劳动者从事众包工作最主要的原因。另外，拉丁美洲（主要以委内瑞拉和巴西为主）22%的劳动者和 AMT 平台 9%的印度劳动者喜欢众包工作，原因是“收入比其他工作高”。其他平台或地区的有些受访对象不赞同这种观点。在“只能在家里工作”的劳动者中，15%的女性劳动者认为“众包工作工资高于其他工作”，而男性劳动者中只有 5%的人员认同这一观点，男性与女性之间差异较大。在 AMT 平台，21%的印度女性劳动者认为“收入比其他工作高”，而印度男性劳动者中只有 10%的人员认同这一观点。从事众包工作的其他原因包括“喜欢众包工作”（10%），AMT 平台印度劳动者中有 15%的人员和 Prolific 平台及 Microworkers 平台劳动者中有 10%的人员认同此观点。

受访者提供的定性信息显示很多受访者拥有照看责任（照顾孩子、残疾人，或者老人），这些责任限制了他们从事家庭以外的工作。

我照顾我母亲，这样她就不必去看护机构了。随着她逐渐变老，她的需求会占用越来越多的时间。我们承担不起居家照料母亲人员的照料费。（Prolific平台的受访对象，美国）

我不能工作，因为我要照看生病的母亲，众包工作赋予我工作的灵活性，意味着我在家里也能挣一些钱。（AMT平台的受访对象，美国）

我只能在家里工作，因为我不能离开生病的母亲。（Microworkers平台的受访对象，菲律宾）

我是一个有4个孩子的单亲家长，4个孩子在3个不同的学校读书。传统的工作场所不适应我当前的需求。（AMT平台劳动者，IGM问卷调查）

我有一个生病的孩子（患自闭症和癌症），他需要全天候的照顾。（CrowdFlower平台的受访对象，塞尔维亚）

我真的很喜欢这份工作，让我与孩子们在一起自由地在家里，并且尽我自己的可能获得一点收入。（Microworkers平台的受访对象，美国）

健康问题也是受访对象喜欢在家里工作，或者只能在家里工作经常提及的一个原因。总体上，受访对象的健康状况良好（81%），只有16%的劳动者称健康状况一般，大约3%的劳动者认为自己的健康状况差或者很差（见图3.8）。然而，大约19%的受访对象称，目前他们身体的或心理的健康问题或疾病已经持续或预计持续12个月或更长时间。在这些人员中，超过一半的人员（54%）认为健康问题对他们要做的有偿工作造成影响；18%的人员称健康问题或疾病对他们从事日常工作造成极大的影响，而众包工作为他们开展工作并获得收入提供了一个替代的方法。

大约8%的受访者称他们从事众包工作最主要的原因是他们“只能在家里工作”，其中，25%的人员称由于健康问题他们只能在家里工作。2017年，22%的受访者称他们从事众包工作主要是由于“更喜欢在家里工作”，其中，7%的人员称是由于健康问题。由于众包工作可以在家里工作，并且不必与其他人交往，对于那些有健康问题的受访对象，如患有焦虑症、临时或长期肢体残疾人员，在家里工作是一个十分有利的条件。

我患有慢性疾病，不能在外面连续数小时正常工作。我待在家里，照看我的两个孩子。（Microworkers平台的受访对象，美国）

我患有抑郁症和焦虑症，我走出去并与其他人交往十分困难。（Clickworker平台的受访对象，德国）

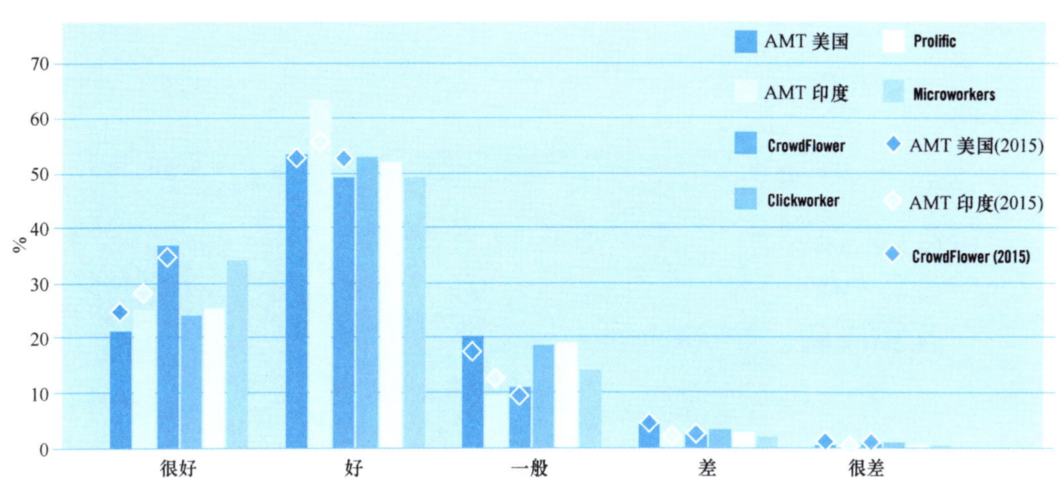

图 3.8 按平台划分，众包劳动者总体健康情况

资料来源：2015 年（调查问卷 1 和调查问卷 2）和 2017 年，国际劳工组织对众包劳动者开展的问卷调查。

> 由于脊髓受伤，我成为一名残疾人，我的活动空间十分有限。（AMT 平台的受访对象，印度）

> 我患有孤独症谱系障碍，这限制了我的社交能力和与其他人的交往。这些问题不会影响我在家里工作，我能够成功地完成任务。（Clickworker 平台的受访对象，英国）

对于主要收入来自众包工作的劳动者，特别是那些健康有问题的劳动者，能够在家里工作通常至关重要。在家里工作的灵活性对于有照看责任的人员也非常重要。受访对象对于从事众包工作的其他原因则存在明显差异。

为了更好地了解劳动者从事众包工作的动机，研究人员还询问受访对象在开展众包工作之前的工作经历。总体上，超过一半（55%）的劳动者过去一直作为雇员开展工作，并且男性与女性的比例十分接近（见图 3.9）。AMT 平台劳动者（美国劳动者比例为 64%，印度劳动者比例为 67%）过去一直是雇员的比例较高，但是，Clickworker 平台劳动者的比例较低（46%）。劳动者过去从事的其他经济活动还包括自雇就业或自己经营企业（25%），从事这类活动的男性比例（27%）和 AMT 平台中的印度劳动者比例（39%）较高。大约 20%的劳动者称，他们过去曾经是“独立的劳动者”（自由职业者或顾问），并且男性比例高于女性；Microworkers 平台（27%）和 CrowdFlower 平台（24%）劳动者曾经是“独立的劳动者”的比例较高。有超过一半的劳动者（55%）在开展众包工作之前，从事高技能职业，其中，经理为 14%，专业人士为

29%，专业技术人员为11%。29%的劳动者从事中等技能职业[6]，16%的劳动者从事低技能职业[7]。

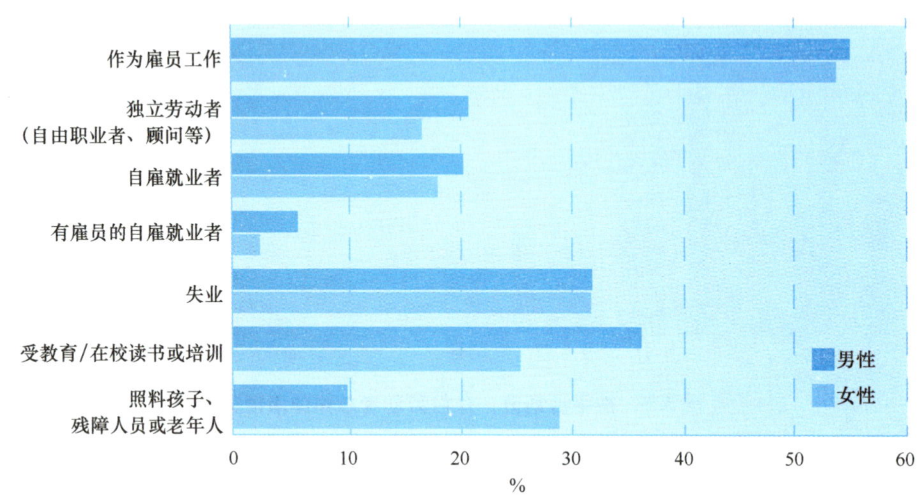

图3.9 2017年，按性别划分，开展众包工作之前，劳动者从事的主要经济活动

资料来源：2017年，国际劳工组织对众包劳动者开展的问卷调查。

大约1/3的劳动者称，在开展众包工作之前，他们一直接受教育；在这些人员中，男性比女性高10个百分点。17%的劳动者称，他们一直照料孩子、残障人员或老年人（其中，大约30%为女性，10%为男性）。大约1/3的劳动者称，他们一直处于失业状况。Microworkers平台和CrowdFlower平台劳动者失业人员比例较高（39%）。然而，如果除去那些未从事任何经济活动的人员，实际只有22%的劳动者处于失业状况（其中，22%为男性，24%为女性）；在这些人员中，86%的人员称失业期超过6个月，这应该是他们从事众包工作的重要驱动力。

3.4 主要收入来源

大约32%的劳动者认为众包工作是自己的主要收入来源。2015年和2017年两次调查结果显示，AMT平台劳动者的这一情况十分接近，但是CrowdFlower平台劳动者情况发生了很大变化（见图3.10，A组）。在所有5家平台中，2017年，AMT平台的美国劳动者和印度劳动者以及CrowdFlower平台劳动者十分依赖众包工作，将众包工作作为主要收入来源的劳动者比例远远高于Clickworker平台、Prolific平台和Microworkers平台劳动者。调查还询问受访对象，除了众包工作以外，他们是否还有其他有偿工作、自由职业或从事商业活动，2017年的数据分析表明，依赖众包工作的劳动者比例远远高于所报道的情况：大约48%的众包劳动者未从事任何其他形式的工作（见图3.10，B组）；8%的众包劳动者虽然有另一份工作，但他们从众包工作中获得的收入高于其他工作。这表明受访对象中共有56%的人员主要（个人的）收入来自众包工作。

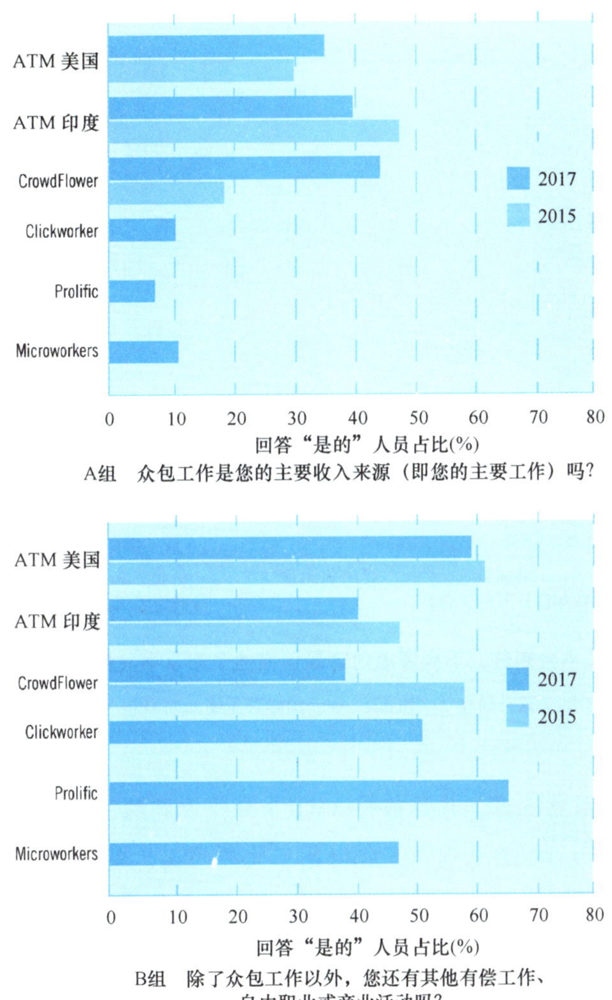

图3.10 按平台划分，众包劳动者的主要收入来源

资料来源：2015年（调查问卷1和调查问卷2）和2017年，国际劳工组织对众包劳动者开展的问卷调查。

对于那些同时从事其他有偿工作的众包劳动者（52%），大约1/3（32%）是有薪雇员，其他人则是非标准就业，包括非全日制工作和临时工作者（33%）、自由职业者（25%）、企业主或合伙人（10%）（见图3.11）。2017年，AMT平台印度劳动者有薪雇员比例（58%）远远高于其他平台劳动者，而AMT平台美国劳动者从事计时的非全日制工作的比例（46%）高于其他平台劳动者；这些比例都略低于2015年观察到的情况。与其他平台劳动者相比，AMT平台劳动者曾经是雇员的比例较高。Clickworker平台劳动者（36%）和Microworkers平台劳动者（32%）曾经是自由职业者的比例高于其他平台劳动者；在非洲，平台劳动者曾经是自由职业者的占比为46%，拉丁美洲和加勒比地区这一比例为32%。

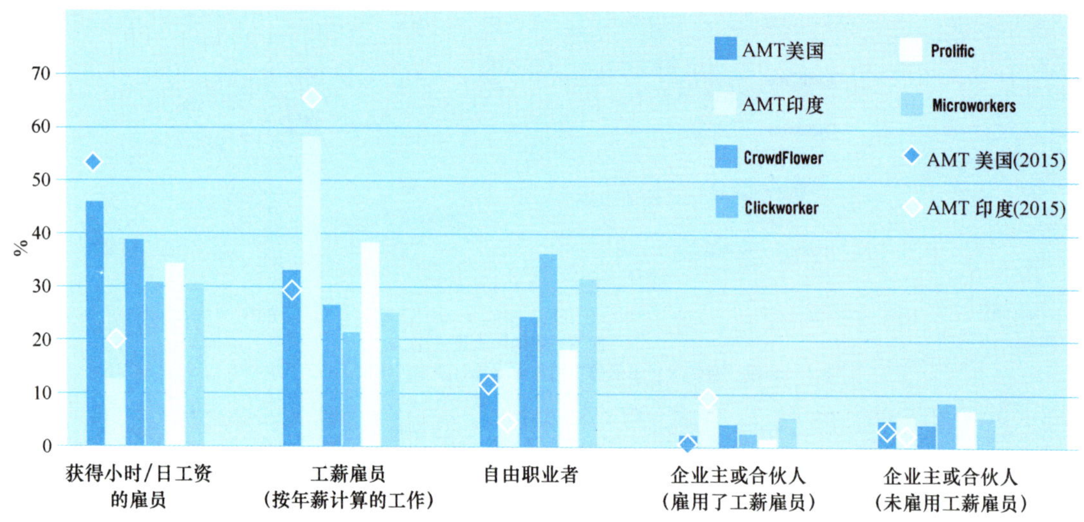

图3.11 按平台划分，下列哪项内容最佳描述了您从事其他工作扮演的角色

资料来源：2015年（调查问卷2）和2017年，国际劳工组织对众包劳动者开展的问卷调查。

> 作为一名自雇就业者，我目前将AMT平台作为我的主要收入来源。我喜欢在家里工作，因为可以自己选择工作时间，无须通勤。AMT平台让我在家里获得收入，目前无须去其他地方就业。（AMT平台劳动者，IGM问卷调查）

在从事另一份工作的众包劳动者中，较大比例的人员从事的职业是高技能职业（57%），其中，管理人员为14%，专业人士为31%，专业技术人员为12%（见图3.12）。在拉丁美洲和加勒比地区（65%）、亚洲和太平洋（61%）以及欧洲和中亚（59%），大约2/3的劳动者从事高技能职业。在这些有另一份工作的众包劳动者中，大约26%的劳动者从事中等技能职业，17%的劳动者从事低技能职业。非洲（42%）和北美（31%）从事中等技能职业的劳动者比例较高；在非洲，高达27%的劳动者从事低技能职业。

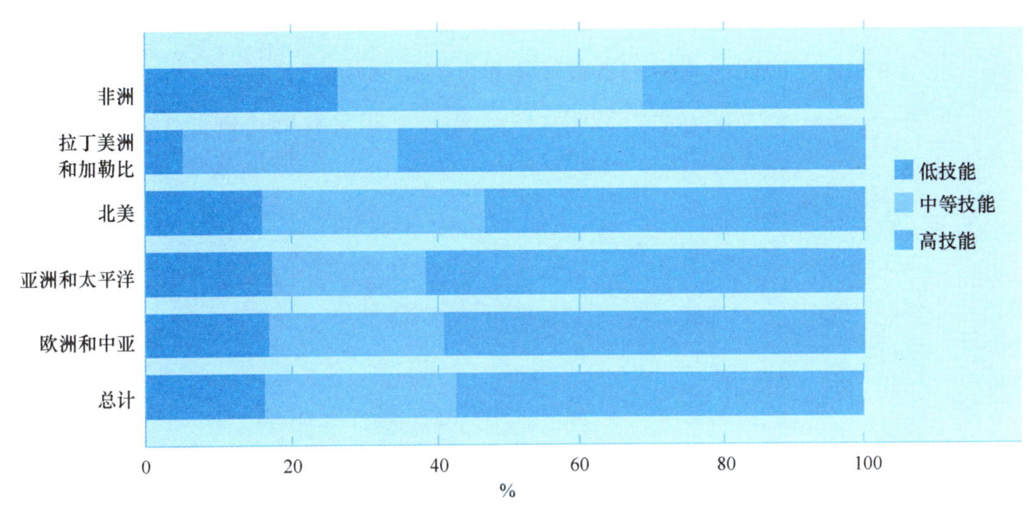

图 3.12 按世界地区划分，众包劳动者从事的其他职业的技能类型

资料来源：2017 年，国际劳工组织对众包劳动者开展的问卷调查。

那些除众包工作外还从事其他工作的受访对象被问到了在其他工作岗位上开展工作时，是否抽时间做众包工作。大约 45%的劳动者回答“是”，并且所有 5 家平台情况都十分接近；非洲及拉丁美洲和加勒比地区（分别为大约 60%）、亚洲和太平洋的比例（54%）高于其他地区。而且，大约 10%的劳动者称，他们只在从事其他工作的时间内开展众包工作，这些人员主要分布在欧洲和中亚及非洲。众包劳动者只在开展其他工作的时间内从事众包工作是由于这些人员厌烦了正在从事工作的任务。另外，大约 36%的劳动者认为，他们的雇主对他们在工作时间内从事众包工作持接受的态度，发展中国家情况尤其如此。

调查内容还包含受访对象对众包工作总体满意度情况：“作为众包劳动者，在多大程度上对所从事的工作表示满意？”测量工作满意度的问题通常可以判断劳动者对工作的内在感受（劳动者实际开展的工作，尤其在自主权、工作压力方面），而不是外在的工作特点，如工资、合同类型，或者晋升的前景（Rose，2003）。绝大多数众包劳动者认为，他们对众包工作满意或很满意（见图 3. 13）。总体上，只有 6%的劳动者不满意，1%的劳动者很不满意。在世界各地区，亚洲和太平洋地区、拉丁美洲和加勒比地区劳动者的满意度最高，而非洲和北美劳动者的满意度最低。

当问及劳动者对众包工作满意或不满意的原因时，很多劳动者提及灵活性和可以在家里工作是吸引他们从事众包工作的原因。然而，对于工资水平、平台拒收工作产品和不给反馈意见、工作不正规、任务的性质等方面问题，劳动者的看法存在较大分歧。

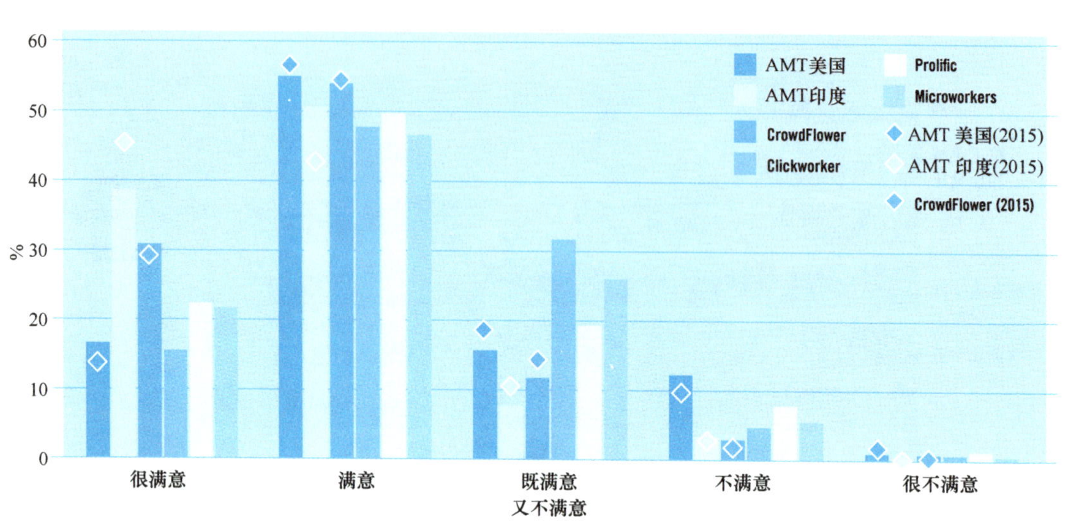

图 3.13　**按平台划分，众包劳动者对众包工作的满意度**

资料来源：2015 年（调查问卷 1 和问卷 2）和 2017 年，国际劳工组织对众包劳动者开展的问卷调查。

工作本身是令人厌烦的和累人的，但是，灵活的工时具有吸引力。（Clickworker 平台受访对象，德国）

工作灵活、有趣，并且可让我在家里工作。然而，收入相当低。（CrowdFlower 平台受访对象，英国）

报酬很高，并让我有时间与孩子们在一起。（AMT 平台受访对象，美国）

下面两章将更详细地分析和探讨上述及其他一些问题。

注释：

1　2018 年 3 月，CrowdFlower 平台更名为 Figure Eight。

2　参见附件 2，可获得有关 2015 年和 2017 年调查的更多详情。

3　根据 AMT 平台数据，2017 年开展问卷调查时，美国劳动者占比大约 75%，印度劳动者占比大约 18%，其他国家劳动者只占 7%。详细情况请见网址 http://demographics.mturk-tracker.com/，以及 Ipeirotis（2010）。

4　详细情况请见网址 http://faircrowd.work/platform-reviews/platform-review-information/。

5　详细情况请见网址 https://demographics.mturk-tracker.com/，以及 lpeirotis（2010）。

6　中等技能职业包括文秘人员、服务和销售人员、工匠和有关的经济活动，以及工厂机械操作员和装配工。

7　低技能职业包括农业和渔业技术劳动者以及初级职业。

加拿大众包劳动者　　© Renee Cheng

第四章

众包劳动者工作条件状况

基于国际劳工组织2015年和2017年两次问卷调查结果，上一章综述了微任务平台劳动者的人口统计数据及其劳动力市场情况。本章聚焦这些劳动者在平台上处于何种状况，深入分析工作条件，包括收入、社会保护覆盖、工作机会、工作时间及其对工作与生活平衡产生的影响。针对众包工作的很多评估大都聚焦收入（Schriner 和 Oerther，2014），然而，其他方面的工作条件对于评估工作质量同样至关重要。

4.1 薪酬

众包工作平台通常承诺在工作量、工作计划安排和工作地点方面具有独立性和灵活性，试图以此承诺来招募劳动者。然而，通过将劳动者归类为“独立的承包商”，平台试图摆脱其应承担的法律和社会责任，包括实施最低工资（De Stefano，2016；Johnston 和 Land-Kazlauskas，2018）。有关这类平台现有的研究主要针对 AMT 平台，研究发现，劳动者的报酬非常低（见 Hara 等，2018；Berg，2016；Bergvall-Kareborn 和 Howcroft，2014；Felstiner，2011；Ipeirotis，2010）。国际劳工组织的调查对5家平台进行了分析，基于劳动者的问卷回答情况，证实了上述研究成果。在两次问卷调查中，要求受访对象回答，在典型的一周时间中，他们能从众包工作中挣多少钱，他们花多少个小时从事众包工作。需要区分从事有偿工作（即众包劳动者可获得报酬的实际工作任务）的时间和从事无偿工作的时间（即用于寻找工作任务、取得资格、通过在线论坛搜寻任务发布者、与任务发布者或平台用户进行沟通和留言的时间，以及不支付报酬的任务/拒收的任务/最终未提交的任务）。基于这些信息，我们呈现有关小时工资的两个测量指标：一个只计算有偿工作的小时数，另一个计算有偿和无偿工作的全部小时数。

2017年国际劳工组织调查发现，若只考虑有偿工作，劳动者平均每小时获得4.43美元；如果同时考虑有偿工作和无偿工作，劳动者平均每小时获得的工资下降至3.31美元

（见表 4.1）。如果只考虑用于有偿工作的时间，那么，根据劳动者所在的平台和国家，劳动者的小时工资处于 2.65 美元（CrowdFlower 平台）至 8.51 美元（美国 AMT 平台）之间。当同时考虑有偿工作和无偿工作时，劳动者的小时工资下降为 1.95 美元（CrowdFlower 平台）至 6.54 美元（美国 AMT 平台）。2015 年，无论是有偿工作还是同时考虑有偿工作和无偿工作，AMT 平台美国劳动者的平均工资均低于 2017 年。与之相比，AMT 平台印度劳动者 2015 年这两个测量指标的平均工资均高于 2017 年。CrowdFlower 平台劳动者 2015 年有偿工作的平均工资高于 2017 年（见表 4.1）。

表 4.1　按平台划分，有偿工作和无偿工作的小时工资（美元）

		有偿工作			有偿工作和无偿工作		
		中位数	平均数	监测数量	中位数	平均数	监测数量
AMT 美国	2017	7.50	8.51	222	5.63	6.54	222
	2015	6.00	7.56	652	4.66	5.56	651
AMT 印度	2017	2.14	3.40	217	1.67	2.53	217
	2015	2.19	3.95	98	1.66	2.95	98
CrowdFlower	2017	1.50	2.65	298	1.11	1.95	299
	2015	1.50	3.04	306	1.00	1.92	307
Clickworker	2017	3.19	4.49	389	2.13	3.19	390
Prolific	2017	4.55	5.45	450	3.56	4.26	446
Microworkers	2017	1.60	3.00	444	1.01	2.15	448
所有平台平均值	2017	3.00	4.43	2 027	2.16	3.31	2 029
	2015	4.39	5.92	1 056	3.33	4.26	1 056

资料来源：2015 年（调查问卷 1）和 2017 年，国际劳工组织对众包劳动者开展的问卷调查。

注：数据经平台削减后，保留 1%~99%的数据。

国际劳工组织调查结果进一步显示，占较大比例的劳动者所挣工资低于他们居住地的最低工资。例如，2017 年，若只考虑有偿工作，AMT 平台大约 48%的美国劳动者挣的工资低于美国联邦政府最低小时工资 7.25 美元，若包含无偿工作，这一比例上升至 64%。一项以数据为导向的最新研究在两年时间里运用插件跟踪 AMT 平台大约 2 500 名劳动者日志数据。研究发现，当同时考虑有偿工作和无偿工作时，劳动者的中位数小时工资大约为 2 美元，平均小时工资为 3.13 美元。研究进一步发现，只有 4%的劳动者小时工资超过了美国联邦政府最低小时工资 7.25 美元。这种情况加大了人们对劳动者工资低于最低工资的担忧（Hara 等，2018）。德国 Clickworker 平台做的广告宣传是平均小时工资 9 美元。[1]截至 2017 年 1 月 1 日，德国最低工资为每小时 8.84 欧元，9 美元大体相当于德国最低工资。然而，Clickworker 平台劳动者有偿工作的平均工资为 4.6 美元，并且在被调查的受访对象中，只有 11%的 Clickworker 平台劳动者称，他们获得的有偿工作每小时工资达到 9 美元或以上；如果同时考虑有偿和无偿工作，每小时工资达到 9 美元或以上的劳动者比例下降至 7%。

图 4.1 显示了 5 家平台劳动者的有偿工作和无偿工作的小时工资分布情况。除 AMT 平台美国劳动者以外，其他所有平台劳动者（图 4.1，A 组）有偿工作的小时工资分布都趋向于左侧（工资较低的一侧）；当同时考虑有偿工作和无偿工作时，小时工资分布趋向于左侧的倾斜力度更大（图 4.1，B 组）。因此，占有较大比例的劳动者的报酬低于相应平台的平均小时工资：Prolific 平台有 58%的劳动者报酬低于该平台的平均小时工资；AMT 平台有 59%的美国劳动者报酬低于该平台的平均小时工资；CrowdFlower 平台、Clickworker 平台、Microworkers 平台和 AMT 平台印度劳动者均有大约 70%的劳动者报酬低于各自平台的平均小时工资。劳动者挣的“典型的”（中位数）工资远远低于平台的平均工资，换言之，当同时考虑有偿工作和无偿工作时，2017 年，所有 5 家平台劳动者的中位数工资每小时只有 2.16 美元；Microworkers 平台劳动者的中位数工资每小时只有 1.01 美元（见表 4.1）。这意味着 5 家平台中有一半的劳动者在投入到众包工作全部时间（有偿工作和无偿工作）中，挣的工资低于每小时 2.16 美元。

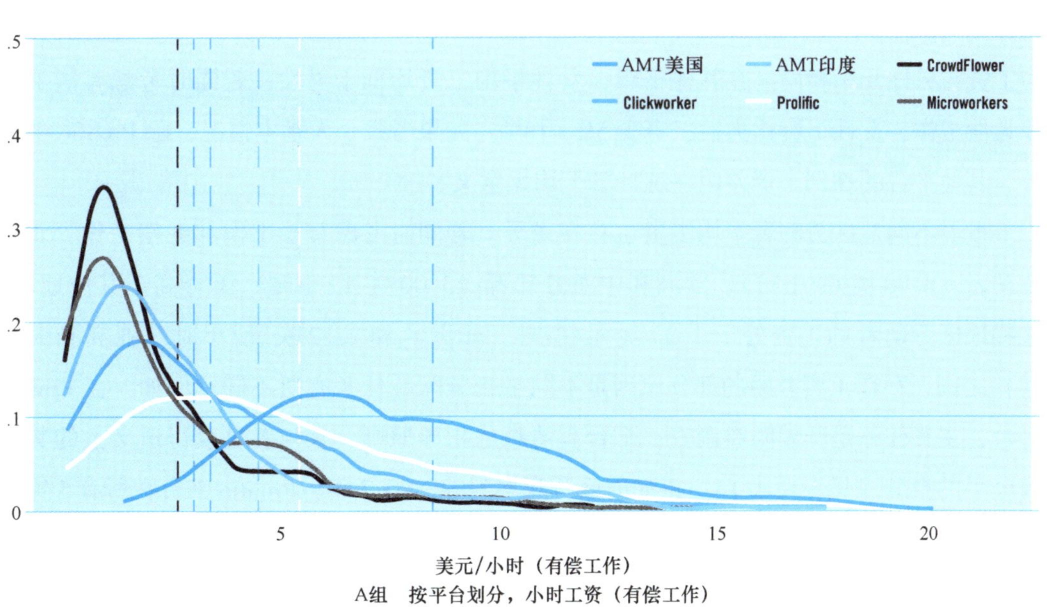

A组　按平台划分，小时工资（有偿工作）

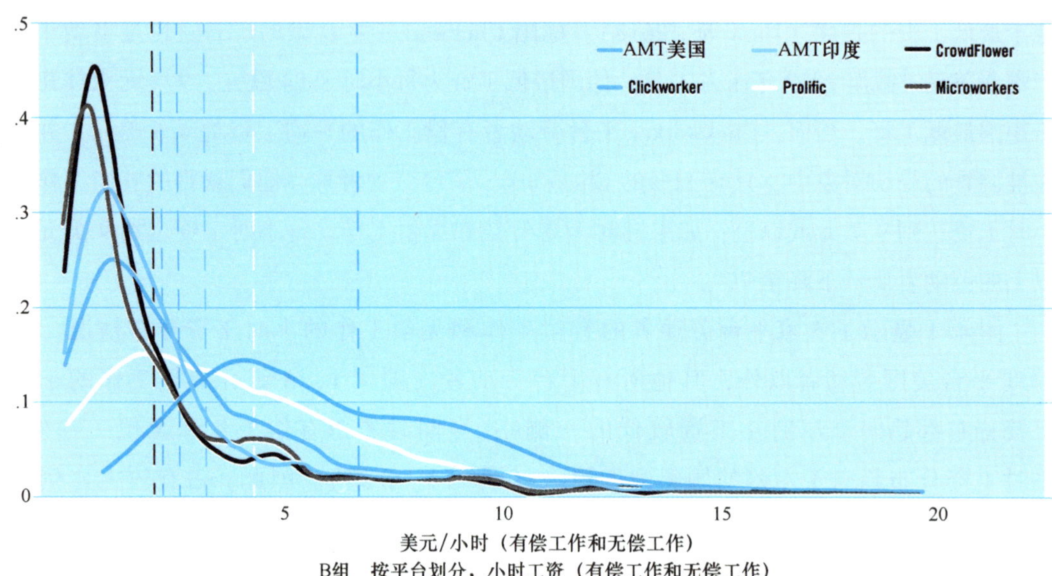

B组 按平台划分，小时工资（有偿工作和无偿工作）

图 4.1 2017 年，按平台划分，劳动者有偿工作和无偿工作的小时工资分布（美元）

资料来源：2017 年国际劳工组织对众包劳动者开展的问卷调查。

注：数据经平台削减后，保留 1%~99%的数据。竖虚线为各平台的平均值。

男性和女性劳动者工资差异较大。2015 年，如果同时考虑有偿工作和无偿工作，根据劳动者所在的平台，女性平均工资比男性少 18%~38%。然而，一旦考虑个人基本情况，如受教育程度、工作经历和所在地区，只有 AMT 平台美国劳动者的性别工资差距在统计学上有意义，女性平均工资比男性少的比例从 18%下降至 11%（Adams 和 Berg，2017）。2017 年，Microworkers 平台的女性平均工资高于男性，Clickworker 平台的女性平均工资与男性几乎相同。在其他平台，女性平均工资均低于男性；若同时考虑有偿工作和无偿工作，女性工资比男性工资少 5%~18%。如果考虑个人基本情况，除 Prolific 平台外，其他平台的性别工资差距在统计学上均无意义。

世界不同地区劳动者平均工资也存在差异。若同时考虑有偿工作和无偿工作，北美劳动者（4.70 美元/小时）、欧洲和中亚劳动者（3.00 美元/小时）工资高于其他地区，这些地区劳动者的工资处于 1.33 美元/小时（非洲）和 2.22 美元/小时（亚洲和太平洋）之间。存在工资差距的部分原因是不同平台分配的任务有所不同。例如，在 Prolific 平台，主要任务是开展问卷调查；平台有清晰的指导原则，参与者可获得道义上的奖励或公平的报酬（见专栏 4.1）。正如前面所观察到的，2017 年，Prolific 平台在所有 5 家平台中工资水平排位由高至低位居第二，86%的平台劳动者来自美国或英国。这些劳动者获得了较多的高收入任务，部分解释了当与发展中国家劳动者相比时，他们获得较高工资的原因。在网络平台任务处于全球竞争的背景下，美国或欧洲劳动者与发展中国家劳动者争夺相同的微任务，导致任务报价下降。不管怎样，发展中经济体和发达经济体劳动者甚至在同一家平台内工资都存在一定差距（Rani 和 Furrer，即将出版）。

专栏 4.1　公平的薪酬和道义上的奖励：Prolific 平台实例

在研究分析的所有 5 家平台中，Prolific 平台具有一定的独特性。平台认可“道义上的奖励”，要求研究人员至少按每小时 6.5 美元的标准奖励参与者。对于很多人，特别是来自发展中国家的人员，此金额高于他们所在地区的最低工资，这也是他们喜欢这家平台的一个原因：

> 报酬相当好，高于本国的最低工资，并且，可以自己估算工作会占用多长时间，由此知道何时能完成工作。（Prolific 平台劳动者，IGM 问卷调查）

然而，应引起关注的是，在 2017 年开展调查时，平台承诺的每小时 5 英镑工资大约等于每小时 5.87 欧元，远远低于很多欧盟国家的最低工资，并且比英国最低工资少 2.5 英镑。

另外，用于调节 Prolific 平台任务的工资只依据完成问卷调查所需的时间计算金额，并未考虑参与者登录网站、回答大量筛选性的问题、找到自己符合条件的调查问卷和启动任务所占用的时间。例如，在德国金属行业工会开展的问卷调查中，Prolific 平台的大多数劳动者称，对于实际工作的每 1 个小时，他们用于寻找工作的时间超过了 1 个小时。如果考虑这类间接费用，众包劳动者获得的每小时实际工资会显著减少。

即便 Prolific 平台有时发布的调查问卷报酬提升至每小时 18 英镑，但任务本身都是微型的，通常平均只需 1 分钟即可完成，每件微任务实际上只挣 0.30 英镑。为了实际挣得 18 英镑，劳动者必须找到并完成 60 件 1 分钟的任务。由此可以推断，在 37.5 个小时的工作周中共有 2 250 分钟，意味着劳动者在一周中需要寻找到符合胜任条件并且完成巨量的独一无二的任务。微任务的这种特点极大加重了工资起点低的问题。人们对此问题关注的有限性、找到任务并符合资格条件所需的额外间接费用，以及在很多平台可获得的任务不饱满，都导致劳动者几乎不可能在众包工作平台获得维持生计的工资，虽然各项任务的报价都相对较“高”。

注：截至 2017 年 11 月 20 日的价格；

参见 https：//www.prolific.ac/researchers#pricing。

图 4.2 显示了 AMT 平台印度劳动者和美国劳动者 2015 年和 2017 年的小时工资（有

偿工作和无偿工作）分布情况。与美国劳动者相比，印度劳动者的小时工资倾向于工资分布的底部，美国劳动者的工资分布则较为均匀。在这两年中，AMT 平台印度劳动者的小时工资几乎无变化，而美国劳动者的工资分布曲线向右侧移动。2015 年至 2017 年，美国劳动者与印度劳动者之间平均工资差距有所扩大。无论是有偿工作还是同时考虑有偿工作和无偿工作，平均来讲，2017 年，AMT 平台美国劳动者的小时工资是印度劳动者的两倍多（大约 2.5 倍）。如果我们控制个人特征和任务性质变量，其他条件相同，当同时考虑有偿工作和无偿工作时，平均来讲，AMT 平台美国劳动者的工资是印度劳动者的 4.6 倍（见附件 1 中的表 A1.2，第 3 栏）。两者之间工资差距较大主要是由于美国劳动者与印度劳动者工资分布底部差距巨大。另外，当控制受教育程度和个人工作经历变量时，美国劳动者与印度劳动者之间的工资差距有所加大，这是由于受教育程度高和经验丰富的印度劳动者占比过大。当我们分析中位数工资时，工资差距更加明显；2017 年，AMT 平台印度劳动者的中位数工资为每小时 1.67 美元，而美国劳动者的中位数工资为每小时 5.63 美元。尽管美国劳动者的工资较高，但仍低于美国联邦政府规定的最低工资。

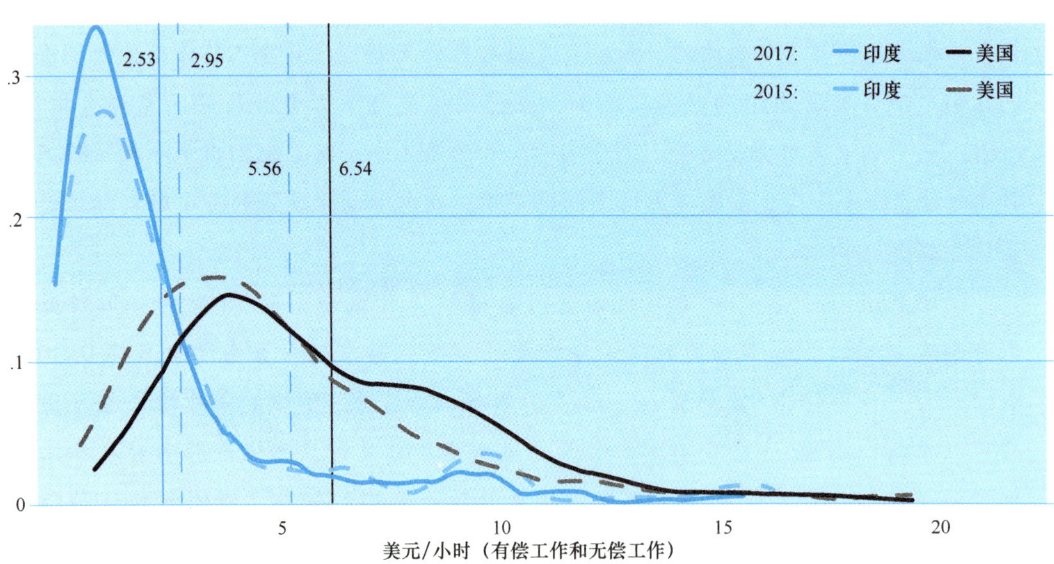

图 4.2 **AMT 平台印度劳动者和美国劳动者的（有偿工作和无偿工作）小时工资分布（美元）**

资料来源：2015 年（调查问卷 1）和 2017 年，国际劳工组织对众包劳动者开展的问卷调查。

注：数据经平台削减后，保留 1%～99%的数据。竖实线为国家的平均值。

这表明存在“二元工资率市场交易”（Martin 等，2014，p. 8）。例如，经验丰富的美国众包劳动者趋向于获得报酬大约等于或超过美国最低工资的任务，而低报酬任务由新劳动者或发展中国家劳动者来完成，为了增加工作经历或提升工作产品通过率，这些劳动者愿意承担这类任务。对于印度劳动者，相比而言，较低的工资似乎更具吸引力，因为这样可让他们获得工作经验，进入相关市场（Martin 等，2014，p. 8）。另外，根据具体条件，包括对劳动者所在居住国的要求（见图 2. 1），要求任务面向特定劳动者群体的平台进一步加大了不同国家和地区之间的工资差距。报酬优厚的任务，如内容创作与编辑及内容书写，通常只有美国劳动者才能获得，而低端和低报酬的任务，如内容访问或数据采集都留给了印度劳动者，这进一步加大了工资差距。

由于各国购买力不同，这些工资差距可能具有一定的合理性。如果根据美国和印度购买力平价（PPP）对工资进行调整，两者之间的工资差距会缩小，趋向于收敛。例如，如果 AMT 平台劳动者工资根据 PPP 进行调整，美国和印度劳动者的工资分布更加接近（见图 4. 3）。图 4. 3 显示，2015 年和 2017 年的印度劳动者工资分布十分接近；而与 2015 年相比，2017 年美国劳动者的工资分布略微向右侧（较高收入一侧）移动。另外，2017 年印度劳动者平均工资是美国劳动者的 1. 3 倍，两者的平均工资差距出现颠倒。然而，尽管 2015 年美国和印度劳动者的中位数工资存在差距，但 2017 年两者几乎相同。如果我们控制个人特征和任务性质变量，其他条件相同，当同时考虑有偿工作和无偿工作时，平均来讲，2017 年 AMT 平台美国劳动者中位数工资比印度劳动者高 36%，而 2015 年两者之间差距不显著（见附件 1 中的表 A1. 3）。

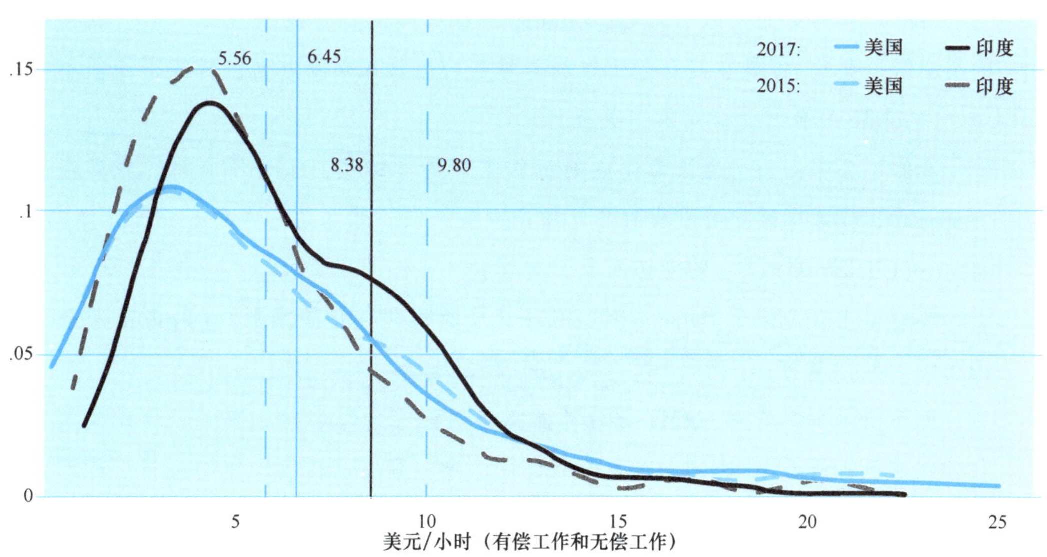

图 4. 3　AMT 平台印度劳动者和美国劳动者的小时工资分布（有偿工作和无偿工作），经 PPP 调整，按实际值计算（美元）

资料来源：2015 年（调查问卷 1）和 2017 年，国际劳工组织对众包劳动者开展的问卷调查。

注：数据经平台削减后，保留 1%～99%的数据。竖实线为国家的平均值。

在 oDesk 平台，人们也观察到发展中国家劳动者获得体面的小时工资，并且工资额相对高于西方国家劳动者的情况（Beerepoot 和 Lambregts，2015）。正如其他研究人员所指出的，这意味着北美或欧洲劳动者不得不与发展中国家的大量技能劳动者进行竞争（Brown、Lauder 和 Ashton，2008；D' Costa，2011）。然而，发展中国家的劳动者必须增加个人工作阅历，提升工作评价等级，成为经验丰富的人员；这些都需要他们在第一份工作中做出巨大的努力，他们需要花费大量的时间投入。

尽管众包工作薪酬较低，但劳动者仍选择从事众包工作。正如国际劳工组织问卷调查所显示的，劳动者从事众包工作的主要原因包括：喜欢在家里工作，可为家庭挣一些额外的收入，或者缺少其他就业机会。较小比例的劳动者似乎对工资很满意，但是对于绝大多数劳动者，低工资水平是他们的主要关切和对众包工作不满意的主要原因。国际劳工组织问卷调查包含劳动者希望众包工作应在哪些方面做出改进的问题。这个开放式的问题引发劳动者提出了大量的关切和建议；绝大多数劳动者指出，工资应更加公平。发达国家的劳动者表达了下列看法：

> 更公平的工资。低至每分钟只有 10 美分的报酬几乎不能接受，将工资压低到此金额的任何人简直是贪得无厌。我对每个工单（HIT）都投入了大量的思考和努力，值得获得公平的薪酬。（AMT 平台的受访对象，美国）
>
> 所有平台的工资额都不充足；Prolific 平台虽然比大多数平台好一点（剥削的程度低一些），但是在使众包工作成为可靠的周收入来源方面，研究得还很不够。（Prolific 平台的受访对象，英国）
>
> 真的不公平，公司应该为完成的工作支付更多的钱，工资不充足。我曾经尝试一天工作 8 小时，看看我到底能挣多少钱。在一些网站，你可能一天只挣 2 美元。（Clickworker 平台的受访对象，美国）
>
> 我希望出台类似于 Dynamo 针对公平工资标准化的指导原则。（Prolific 平台的受访对象，美国）
>
> 我希望增加工资……AMT 平台体面工作的标准是每小时 6 美元。但是我居住的州最低工资是 10 美元，并且金额还在上升。显然，在线工作的工资应达到平均值，但是由于有外国劳动者参与，他们对工资提高施加了压力……（Prolific 平台的受访对象，美国）
>
> 问卷调查应对有偿时间支付更多的报酬。如果我为某个问卷调查工作了大约 30 分钟，我希望我的小时工作至少获得最低工资。30 分钟 = 3.67 美元……而不是 30 分钟 80 美分，小时工资只有 1.6 美元。（Microworkers 平台的受访对象，美国）

发展中国家的劳动者也表达了工资低的感受。很多人认为报酬太低，不合理。另外，他们还意识到，发达经济体与发展中经济体的劳动者待遇有差异，并且来自某些国家的劳动者通常被排斥，不允许他们开展某些任务。人们对支付报酬的形式也表示担忧，因为发展中国家的劳动者通常得到的是购物券，而不是现金。即使劳动者获得的是现金，金额会远远低于平台任务的实际数，因为劳动者必须支付转账服务费，如通过贝宝（PayPal）转账。在下面的问卷调查回答中，劳动者表达了这方面的担心：

> 应根据为工作付出的努力增加工资。目前，我们付出的时间和努力所得的报酬极大低于我们应得到的。（AMT 平台受访对象，印度）
>
> 我认为工资应该更加人性化，仅仅因为某人出于无奈做这些工作，不意味你该支付给他们卑微的报酬，这种情况在 AMT 平台十分盛行。（Prolific 平台受访对象，印度）
>
> 如果一些雇主能为我目前开展的工作任务支付更多的报酬就好了。（Microworkers 平台的受访对象，波黑）
>
> 我想建议，众包工作平台应提供更好的工资，因为大量的时间用于寻找和挑选工作任务（无偿工作）。（AMT 平台受访对象，印度）
>
> ……我认为印度劳动者的报酬低于美国劳动者，这意味着高报酬的工单都给了他们，低工资的工作都给了印度劳动者，我不得不做这些低工资的工作。（AMT 平台受访对象，印度）
>
> 我希望改变和提高我们在印度的每一件任务的工资水平，因为与美国劳动者相比，我们的工资很低……（AMT 平台受访对象，印度）
>
> 提高工资，达到最低工资。公司应更加有道义地对待劳动者……他们应直接将工资打到我们的银行账户上，而不是给一些在我们国家无法使用的购物卡。（AMT 平台受访对象，印度）

低工资尤其令人担忧，因为很多劳动者依靠众包工作收入只能勉强维持生计。在国际劳工组织和 IGM 调查中，大量的受访对象称，众包工作的工资是他们生活费用的重要组成部分。例如，在 IGM 调查中，80%的 AMT 平台受访对象称，他们来自众包工作的工资是他们生活费用的重要组成部分；2/3 的受访对象说，来自众包工作的工资对于满足自己的基本需求十分必要。[2]来自众包工作的收入也是 Clickworker 平台（41%）和 Prolific 平台（61%）劳动者生活费用中重要的或必要的组成部分。[3]对于传统工作不能维持生计的人员，众包工作收入可对他们生活费加以补充；这些人员是收入较低的学生或是养老金不充足的退休人员：

> 我儿子介绍我到平台。我利用平台获得一点额外收入，因为在英国工资不充足，养老金太低，我艰难地为生存打拼。（Prolific 平台劳动者，IGM 问卷调查）

它对我的家庭帮助实在太大了。虽然我从众包工作只获得几百元的收入，但是它使我的生活有了天壤之别。我精打细算，众包收入有助于我们实现生活目标，使我们有了用于娱乐的额外资金。(AMT 平台的受访对象，美国)

我只做众包工作，因为在我的国家，通过正规工作维持生存是不可能的，例如，我父亲是一名受过专门培训的工程师，为一家石油公司工作，我母亲是一名教师，他们两个人加起来的工资每月大约为 85 元。(Microworkers 平台的受访对象，委内瑞拉)

我非常喜欢作为众包劳动者开展工作，我认为对于那些生活在经济处于困境国家的人员，众包工作是一个非常好的收入来源。(CrowdFlower 平台的受访对象，委内瑞拉)

国际劳工组织的问卷调查向众包劳动者询问了有关个人和家庭收入，以及家庭财务保障方面的问题。分析结果显示，众包工作的收入在家庭总收入中占有相当大的比例(见图 4.4)。对于将众包工作作为主要收入来源的劳动者，众包工作的收入占家庭总收入 59%，配偶或其他家庭成员收入占家庭总收入 22%，家庭总收入的 8%来自众包劳动者的第二份工作（见图 4.4，A 组)，家庭和朋友的私人转账占家庭总收入大约 5%，其他收入（包括资本或投资、公共和私营养老金、社会保障或失业津贴）占家庭总收入大约 6%。对于众包工作不是主要收入来源的劳动者（见图 4.4，B 组)，平均来讲，众包工作获得的收入与主要工作的收入相同（分别占总收入的大约 37%)，其余家庭收入来自配偶（20%）及其他收入来源（6%)。

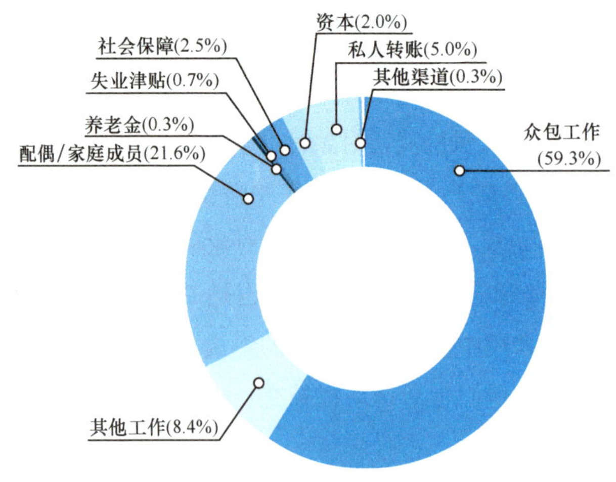

A组　众包工作是主要收入来源

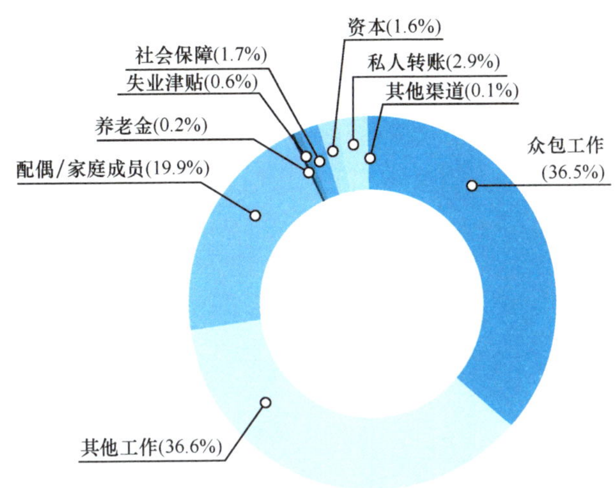

图 4.4　按主要收入来源渠道划分，2017 年各类收入占比情况

资料来源：2017 年国际劳工组织对众包劳动者开展的问卷调查。

注：养老金包括公共养老金和私营养老金；社会保障包括社会救助和其他社会保障待遇，如儿童津贴等。

很多众包劳动者的财务状况十分不稳定。平均来讲，每 5 名众包劳动者中有 1 人（20%）生活在月收入不足以满足基本需求的家庭中。在非洲（42%）、亚洲和太平洋（24%）以及拉丁美洲和加勒比（23%），生活在月收入不足以满足基本需求家庭中的众包劳动者占比尤其高；在北美以及欧洲和中亚（大约 17%），尽管众包劳动者的占比较低，但是仍值得关注。较高比例的受访对象（42%）甚至存款金额不足以应对相当于 1 个月收入的紧急情况。另外，大约 44%的家庭拥有学生贷款、汽车支付款、医疗费用或法定的账务，或者从亲戚处借款（不包括房屋抵押贷款）债务。北美有债务的家庭（58%）比例高于拉丁美洲和加勒比（33%）以及欧洲和中亚（36%）（见图 4.5）。

4.2　社会保护津贴的可及性

有时候我感觉劳动者没什么权利。即便有，劳动者在保护方面的权利非常少，因为每件事都是为雇用我们的那些人的利益而组织开展。（CrowdFlower 平台的受访对象，塞尔维亚）

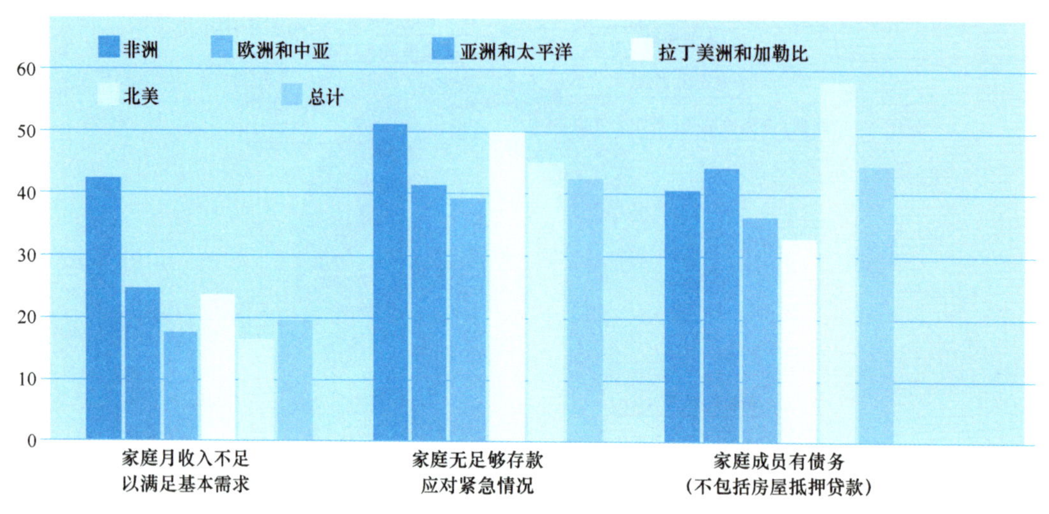

图 4.5 **按世界地区划分，2017 年众包劳动者财务不稳定状况（百分数）**

资料来源：2017 年国际劳工组织对众包劳动者开展的问卷调查。

微任务平台以及零工经济中常见的做法是劳动者被当作“独立承包商”被雇用。例如，AMT 平台使用条款指出“劳动者作为独立的承包商，以个人的身份为任务发布者开展工作，劳动者不是任务发布者的雇员，也不是 AMT 平台的雇员”，劳动者无权享受“任务发布者的雇员或者 AMT 平台雇员享有的任何待遇，如假日工资、病假和保险计划，包括团体的医疗保险或退休待遇”，并且劳动者“在受伤的情况下，没有资格领取劳动者赔偿津贴”。[4]类似的声明可在其他平台的条款和协议中找到。这种做法试图让平台摆脱提供标准的劳动保护的责任，包括社会保护津贴，而这些责任在劳动法或集体谈判协议中是有明文规定的。

在 2017 年国际劳工组织开展的问卷调查中，劳动者缺少社会保护显而易见。总体上，每 10 名受访对象中，只有 6 人被医疗保险覆盖，只有 35%人员参加了养老金或退休计划，37%的人员受益于某种形式的社会保险计划，29%的人员获得政府援助或参加政府其他计划（见表 4.2）。在大多数情况下，众包劳动者得以被社会保护覆盖来自他们的主要工作，或者通过家庭成员获得。

问卷调查显示，社会保护覆盖面与个人对众包工作的依赖程度呈反向关系。越依赖众包工作的劳动者，越有可能得不到保护。众包工作为主要收入来源的人员（即那些没有另一份工作的人员）几乎没有保护，特别是在养老金或退休计划方面。在这些人员中，只有大约 16%被退休计划覆盖；与此相比，在众包工作不是主要收入来源的人员中，44%的人员被退休计划覆盖。

表 4.2　按照主要和次要收入来源划分，劳动者获得各类社会保障津贴情况（覆盖的百分数）

	众包工作是主要收入来源	众包工作是次要收入来源	总计
医疗	52.1	65.6	61.3
养老金/退休计划	15.6	44.2	35.1
其他社会保险	31.9	39.4	37.0
失业	9.7	19.1	16.1
劳动者的赔偿/工伤	15.5	23.1	20.6
残障津贴	11.2	14.5	13.5
其他	4.2	3.1	3.5
社会救助和政府其他计划	33.4	27.0	29.0
与食品有关	13.6	6.4	8.7
与住房有关	6.3	5.0	5.4
与孩子有关	8.4	8.8	8.7
与残障有关	7.7	5.3	6.1
一般收入支持	6.6	6.1	6.3
扩展的收入税减免	3.1	3.7	3.5
其他	3.1	1.9	2.3

资料来源：2017 年国际劳工组织对众包劳动者开展的问卷调查。

在众包工作不是主要收入来源的人员中，拥有医疗保险和其他社会保险（66%和39%）的人员占比较高；与此相比，在众包工作是主要收入来源的人员中，拥有医疗保险和其他社会保险（52%和 32%）的人员占比较低。另外，众包工作是主要收入来源的人员更有可能获得社会救助或政府的其他帮助，特别是与食品有关的救助，这表明这些人员的生活已经处在朝不保夕的状况中。2017 年的调查结果与 2015 年十分接近。根据 2017 年的调查，AMT 平台只有很小比例的众包劳动者（主要工作为众包工作）为养老金缴费（美国只有 8%的众包劳动者为私营退休计划缴费，9%的人员为社会保障缴费，而印度只有 14%的众包劳动者缴纳公积金）。无论是印度（35%）还是美国（62%），医疗保险覆盖面都很低。

世界不同地区社会保护覆盖面有所不同。在发展中国家，较小比例的劳动者为养老金或退休计划缴费，比例处于 21%（非洲）至 32%（亚洲和太平洋）之间。另外，在世界各地，较小比例的劳动者获得残障津贴。这种情况表明，由于很多发展中国家社会保护制度仍相对较弱，平台运营商和任务发布者在利用这些国家大量劳动力开展工作任务时，需要为他们提供额外的激励机制，以减少来自劳动者和政府确保平台劳动者获得社会保护的压力。

4.3 工作任务不饱满

最令人沮丧的是等待工作机会。（Clickworker 平台劳动者，IGM 问卷调查）

雇佣关系不清晰会对工作的正规性造成影响。众包劳动者通常找不到充足的工作任务，他们必须不断地寻找，但也不能保证找到。这与制造业中传统的低端“家庭工作”形成鲜明对比，在这些低端工作中，劳动者可定期获得供应商或承包商提供的工作。劳动者希望获得更多的工作，部分原因是工资不充足。2017 年国际劳工组织调查结果显示，绝大多数问卷参与者（88%）回答，他们希望做更多的众包工作（见图 4.6）。平均来讲，这些人希望每周多做 11.6 小时的众包工作。2017 年调查结果与 2015 年的十分接近。希望做更多众包工作男性（86%）和女性（90%）占比相差不多。在世界各地区，非洲（98%）、亚洲和太平洋地区（91%）、欧洲和中亚（91%）希望做更多众包工作的人员占比尤其高。北美（80%）虽然低于平均值，但希望做更多众包工作的人员占比仍十分显著。

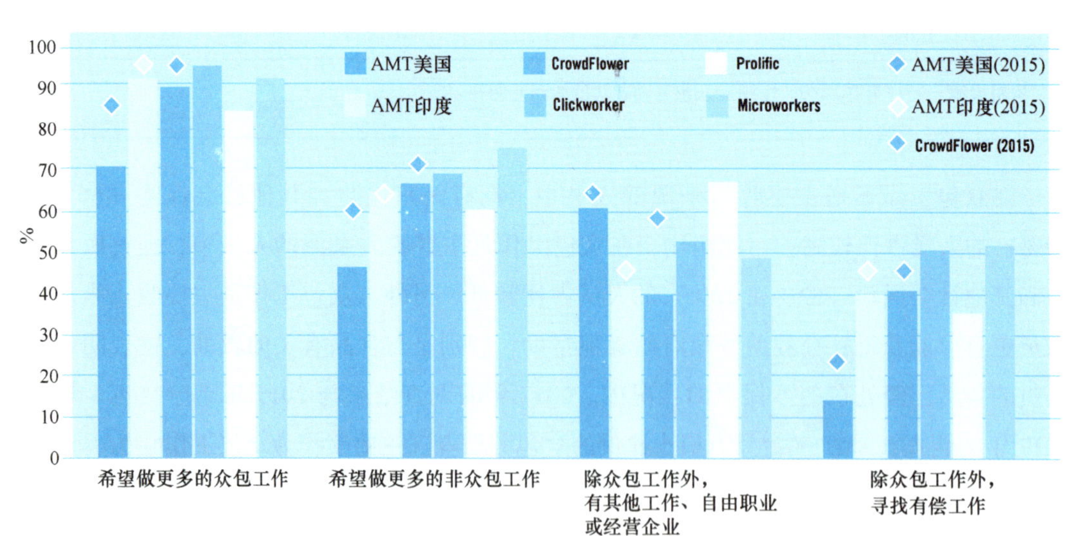

图 4.6 按平台划分，众包劳动者就业、就业不足和寻找工作情况

资料来源：2015 年（问卷 1）和 2017 年，国际劳工组织对众包劳动者开展的问卷调查。

除 AMT 平台美国劳动者（46%）以外，在其他所有平台的劳动者中，超过 60%的劳动者认为，他们希望做更多的非众包工作（见图 4.6）。然而，绝大多数的劳动者称，由于自己生病和缺少工作机会，他们不能从事更多的工作，并且较大比例的劳动者称，由于承担照看或其他家庭责任，他们无法从事更多的工作。较大比例的众包劳动者还从事自由职业或经营企业，或寻找众包工作以外的其他有偿工作，这些情况都表明就业不足是全球众包工作面临的一个严重问题。

当被问及目前未从事更多众包工作的原因时，平均来讲，58%的人员认为是由于获得的任务不饱满，另有 17%的人员未找到足够多的高报酬任务（见图 4.7）。与亚洲和太平洋地区的劳动者（48%）相比，欧洲和中亚较高比例的劳动者（68%）认为，他们未找到充足的工作。劳动者还有一种感受，虽然他们在平台上花了大量的时间，但提高收入的可能性较小：

> 在过去 6 年中，我一直在 AMT 平台工作，尽管我得到 98.4%的工作产品通过率，但工作量和工资一直都没有提高。我希望情况能有所改善，以便我能永远在家里工作。（AMT 平台受访对象，印度）

相对较小比例的众包劳动者（12%）认为，他们没有时间做更多的工作，或者对于可获得的工作他们不符合资格条件（8%）。

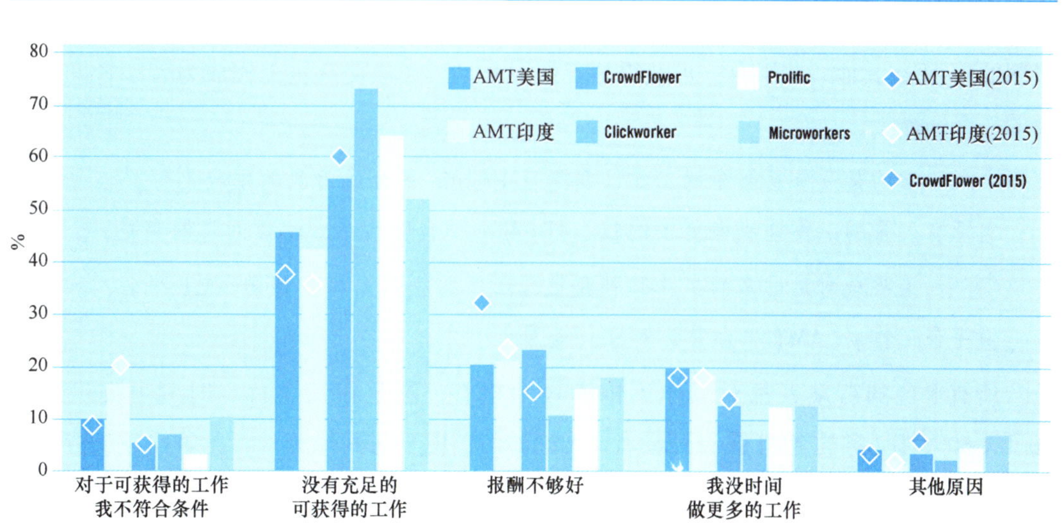

图 4.7 **按平台划分，目前不能从事更多众包工作的原因**

资料来源：2015 年（问卷 1）和 2017 年，国际劳工组织对众包劳动者开展的问卷调查。

对于一些劳动者，工作“不充足”不意味一点儿工作任务都没有，而是没有劳动者愿意接受的报价的任务，或者没有符合其个人特定需求的任务。很多平台提供特色服务，允许平台用户做出选择，是由全球劳动力开展任务还是根据某些特点由特定人群开展任务，比如，根据劳动者所在的地理位置、劳动者的资格，或者其他筛选条件（见图2.1，以此作为实例）。在其他平台，如oDesk平台，人们观察到对种族或性别的歧视。一些作者认为，歧视现象在网络市场无处不在，因为该领域的监管处于真空状况（Beerepoot和Lambregts，2015）。因此，发展中国家劳动者不能获得报酬优厚的任务是极有可能的。在国际劳工组织开展的问卷调查中，发展中国家的众包劳动者提及了他们通常被排斥或被歧视，不允许从事某些工作任务的情况，尤其是报酬优厚的任务：

> 除美国以外，应让其他国家用户获得更多的高报酬任务，美国劳动者得到最好的工作，而其他国家的AMT劳动者不得不艰难地争取高质量的工单。(AMT平台受访对象，印度)
>
> 我希望国际劳动者获得更多的工作。但是，如果你不在美国就很难得到。(Microworkers平台受访对象，牙买加)
>
> 工作不应有种族性，应该对所有地方都平等分配工作，而不是基于国家来分配工作。(Microworkers平台受访对象，尼泊尔)
>
> 他们应该平等地对待所有劳动者，无论你来自哪个国家。应把更多的工作给尼日利亚劳动者。(Microworkers平台受访对象，尼日利亚)

在一些平台，如Prolific平台，在可获得的任务数量方面，劳动者实际上是受到一定限制的[5]，而在其他一些平台，可获得的工作不充足，无法使众包工作成为劳动者维持生计的一个选择。

> 不幸的是没有足够多的工作。我想让Prolific平台成为我的主要网站，但是它没有大量的工作让我挣更多的钱。(Prolific平台劳动者，IGM问卷调查)
>
> 如果平台有足够多的工作弥补我常规工作的收入，我会转向AMT平台，只做平台工作。(AMT平台受访对象，美国)

所有平台的劳动者都对工作不饱满表示担心，甚至在某一特定时刻可提供大约10万~60万件任务的AMT平台劳动者。[6]无论如何，由于与其他劳动者竞争任务，劳动者要获得一份理想的、报酬优厚的任务十分困难。另外，工作机会没有连续性，劳动者不能从中获得可靠的收入来源。工作具有灵活性也是虚无缥缈，劳动者不能在任何时候打开计算机就可以开展工作，因为可获得的工作是无规律的。劳动者反而觉得不能完全控制自己的时间或工作计划，必须时刻处于准备开展工作的状态：

> 有时候我真想工作，但是实际上没有工作可做，令人沮丧，导致工作积极性受挫，更别提挣的钱较少了。时机最为重要。当好的工单降临时，要马上抢

单，要清楚这类工单何时降临，并且要动作足够快才能真正得到工作任务。我无法控制每天能获得多少收入。(AMT 平台劳动者，IGM 问卷调查)

没有定期的工作。有时，这周挣 3 欧元，下一周挣 15 欧元，再下一周挣 40 欧元。(Clickworker 平台劳动者，IGM 问卷调查)

我感觉能掌控工作，但是不能控制何时有工作机会。(Clickworker 平台劳动者，IGM 问卷调查)

我希望找到更充足的工作来源，以便能做更多的工作，花更少的时间寻找问卷调查任务，或者不要把我筛掉。(Prolific 平台受访对象，英国)

……我希望他们提供更多的工作机会，有时，等待的时间过长，耽误我获得另一份工作。(Clickworker 平台劳动者，IGM 问卷调查)

有关采取何种方式将任务分配给劳动者方面，需要一个更加公平的方法。不能先来先得，应该根据众包劳动者的经验，在确保完成任务的时间内，让每个众包劳动者获得公平的任务量。(Clickworker 平台受访对象，奥地利)

在一些平台，特别是在 AMT 平台，劳动者已经开发出较为复杂的用户脚本，帮助他们快速获得收入最优厚的任务，无须不断重新加载网络浏览器。通过分享网站和论坛，其他用户也可获得这些脚本。脚本的使用对于劳动者获得工作并精确和迅速地完成任务起到了至关重要的作用：

脚本很老并且不利于用户使用，但是我猜它还是有效的。每个劳动者论坛强烈建议使用新的计划或脚本，以便帮助劳动者找到工作。使用默认的 AMT 网站真的很糟糕。(AMT 劳动者，IGM 问卷调查)

在发现论坛之前，我无法获得维持基本生活的工资。通过论坛分享的脚本和扩展的服务，加上那些提供帮助的人员，十分有帮助，让人难以置信。(AMT 劳动者，IGM 问卷调查)

然而，并非所有劳动者都懂技术，也不是所有平台都有强有力的劳动者群体提供技术工具，由此造成劳动者经常寻找工作：

等待工作出现要很长时间，你必须一直不断地刷新网站。(Clickworker 平台劳动者，IGM 问卷调查)

目前几乎没有工作，你必须不断检查网站，有可能瞬间失去挣钱的机会。(Clickworker 平台劳动者，IGM 问卷调查)

如果在一家平台找不到充足的工作，劳动者通常会转向其他平台。几乎一半的受访对象在参与问卷调查前的 1 个月中，曾在超过两家的平台工作过，21%的受访对象在 3

家或者更多平台工作过（见图 4.8）。Clickworker 平台、Microworkers 平台和 Prolific 平台的受访对象在几家不同平台工作的人员比例较高（53%～66%），而 AMT 平台和 CrowdFlower 平台的受访对象在几家不同平台工作的人员比例较低（29%～38%）。最常见的平台组合是，劳动者同时使用 Prolific 平台和 AMT 平台，特别是 2017 年美国劳动者。然而，超过一半的劳动者（51%）只在一家平台工作，这是由于劳动者通过平台调整工作需要很大的交易成本。劳动者同时参与几家平台工作，启动工作的成本相当高，因为在劳动者实际获得平台有偿任务并取得平台信任之前，他们必须投入大量时间做无偿的工作。他们还必须投入时间学习新技能，而且在几家平台不断寻找工作的搜寻成本也相当高。

大约 41%的受访对象积极寻找不同于众包工作的其他有偿工作。在这些人员中，绝大多数人员（83%）除了从事众包工作外还想寻找其他工作，而一些人（17%）希望用新的工作替换众包工作。大约 63%的受访对象称，平台上拥有体面工资的工作不饱满是他们寻找其他工作的主要原因；34%的受访对象指出，他们将众包工作作为找到另一份工作之前的过渡；28%的受访对象说他们想做一些与众不同的事情。对于那些传统工作岗位的下岗人员，众包工作为他们提供了直接的收入来源，也是弥补其他就业形式收入不足的一个方法。

> 由于患精神疾病，我失去了工作。在治疗疾病的同时，从事 AMT 平台工作对我有些帮助。(AMT 平台劳动者，IGM 问卷调查)

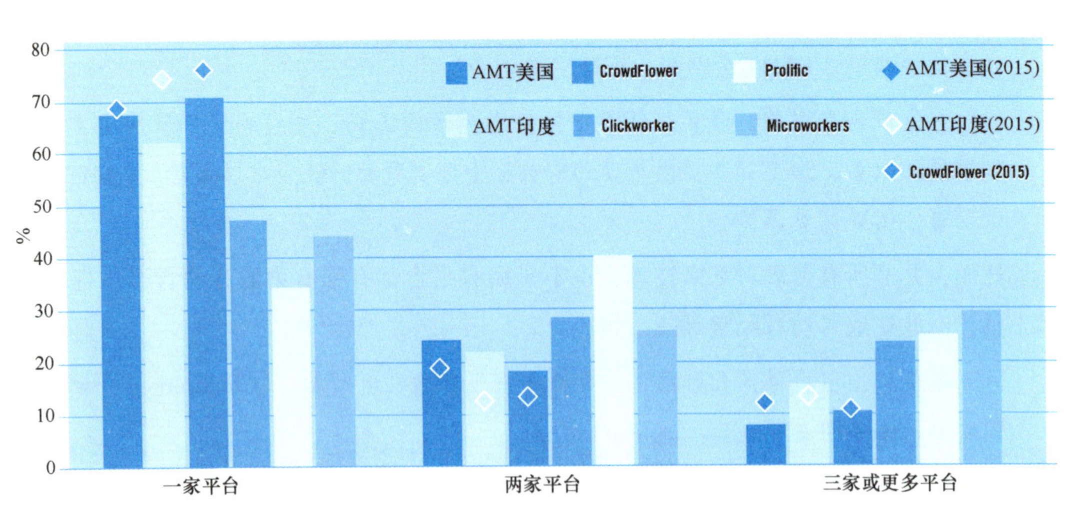

图 4.8　按平台划分，在过去 1 个月中劳动者使用过的众包工作平台数量

资料来源：2015 年（问卷 1）和 2017 年，国际劳工组织对众包劳动者开展的问卷调查。

我在 AMT 平台工作，以便获得额外的收入支付我的账单。同时，我还做其他工作，以便不断地获得收入。如果没有其他收入来源，完全指望 AMT 平台工作，我会有些担心。(AMT 平台劳动者，IGM 问卷调查)

4.4　工作小时数以及工作与生活的平衡

正如很多问卷调查受访对象指出的，从事众包工作的一个好处是能够自己制订工作计划，在家里工作或者在劳动者选择的某个地点工作。在挑选任务、工作报酬、工作地点和工作的组织方式方面，众包工作可以为劳动者提供高度灵活性。众包工作让那些喜欢在家里工作的人员能够在家里工作，不管是由于健康原因、家庭责任，还是仅仅喜欢在家里工作。但是正如上一节中指出的，当劳动者打算工作时，有时候得不到工作任务。在回答如果有可能希望在哪些方面让众包工作有所改进这一问题时，AMT 平台的一名劳动者表示，“我想知道何时有任务，以便我能对时间做出规划”。

平均来讲，在典型的一周时间内，劳动者用 24.5 小时从事众包工作，其中，18.6 小时为有偿工作，6.2 小时为无偿工作（例如，寻找任务，完成资格测试等，见图 4.9，A 组）。对于每 1 个小时的有偿工作，寻找任务等无偿工作需要额外的 20 分钟。2017 年和 2015 年的调查均证实了这一发现，并且还被 Hara 等（2018）将其编撰到研究报告中，通过可下载的插件，研究跟踪 AMT 劳动者的时间。Clickworker 平台劳动者从事无偿工作的时间最多（对于每 1 个小时的有偿工作，无偿工作时间高达 27 分钟），Prolific 平台劳动者从事无偿工作的时间最少（对于每 1 个小时的有偿工作，无偿工作只有 14 分钟）。

需要不断寻找工作、发布的任务具的特异性以及不同的时区存在时差，这些都意味着很多劳动者要长时间地工作，并且工作时间没有规律。2017 年问卷调查中，52%的受访对象称，他们通常每周至少工作 6 天（其中，16%的人员每周通常工作 6 天，36%的人员每周通常工作 7 天）。[7]很大比例的劳动者在夜间工作（晚 10 点至早 5 点，43%）和在晚间工作（晚 6 点至晚 10 点，68%），他们要么是为了应对获得的工作任务，要么因为承担其他责任（见图 4.9，B 组）。大约 18%的劳动者称，他们每月超过 15 天在夜间工作 2 小时以上；大约 44%的劳动者称，1 个月中有 1/3 的时间（1~10 天）每天工作时间超过 10 小时；23%的劳动者称，1 个月中有 11~30 天每天工作时间超过 10 小时。世界各地区的劳动者都采用这种模式。

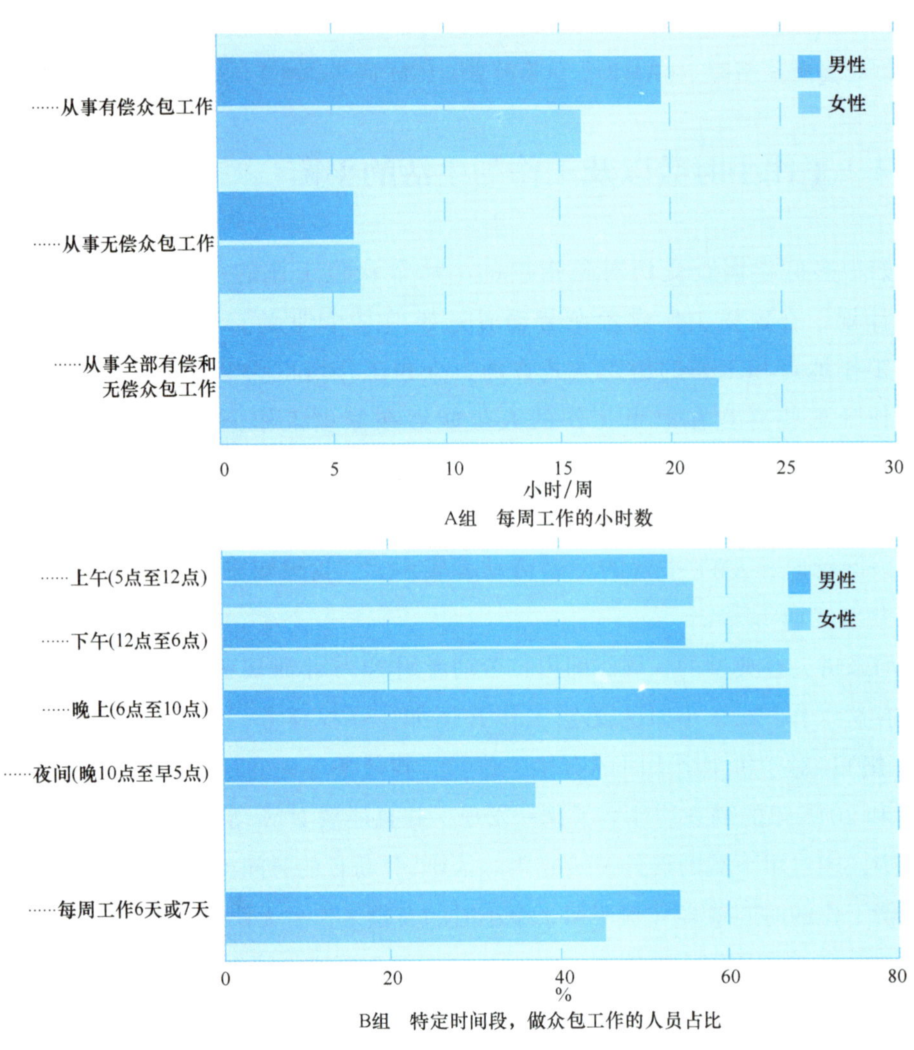

图 4.9　按性别划分，2017 年众包劳动者的工作强度

资料来源：2017 年国际劳工组织对众包劳动者开展的问卷调查。

注：运用顶部编码值计算每周平均小时数，最大值为 125 小时。

然而，不同平台的工作时间差异极大，这表明平台上可获得的工作量存在差异。平均来讲，Prolific 平台劳动者每周用在平台上的时间为 4.5 小时，Clickworker 平台劳动者为 8.8 小时，Microworkers 平台劳动者为 17.1 小时。AMT 平台印度劳动者（27.3 小时）、美国劳动者（32.8 小时）和 CrowdFlower 平台劳动者（36.8 小时）工作的时间较长。由于很多劳动者为几家平台工作，用于众包工作的总时间多于用在某家平台的时间，但是这些劳动者在不同平台的工作时间差距不太显著。2015 年与 2017 年问卷调查结果的一个重要差别是，相对于2015年，2017年的总体工作时间有所增加。这表明随着众包工作的不断扩大，劳动者可获得的任务量不断增加。与2015年相比，2017年AMT平台美国劳动者的工作时间增加了5.3小时，印度劳动者增加3.6小时；CrowdFlower平台劳动者总体时间增加了12.5小时。

由于从事众包工作的一个好处是劳动者可在家里工作，因此为那些原本在家里得不到有偿工作的劳动者提供了就业机会。妇女尤其是这种情况，全世界的妇女都承担主要的照看责任（国际劳工组织，2018）。在2017年国际劳工组织的调查样本中，大约21%的女性劳动者有0~5岁的小孩，世界各地区这一比例从北美的15%到拉丁美洲和加勒比地区的42%不等。在定性回答以及在后续的访谈中，有0~5岁小孩的妇女表示她们喜欢众包工作，因为她们可以从事某种形式的工作，并从中获得一些收入，与此同时还可以照看小孩、老年人和做家务。

另外，照看小孩的高额费用通常阻止孩子父母从事家庭以外的工作，特别是在美国，照看小孩的公共机构比其他工业化国家更加有限（Anxo等，2011）。

> 我有3个孩子，我没有雇用保姆照看孩子的经济能力。（Microworkers平台受访对象，美国）
>
> 我照看4个孩子。我在外面挣的工资只够支付照看孩子的费用，因此目前我自己照看孩子是最佳选择。（Microworkers平台受访对象，美国）
>
> 我的两个孩子现在还未到上学的年龄，我找不到工资额能达到孩子日托费的工作。（Microworkers平台受访对象，美国）
>
> 我孩子是第一位的，坦率地讲，如果每天去工作，会让我的花销更大。（AMT平台受访对象，美国）

人们认为妇女应承担照看孩子和做家务的责任，这种性别角色和预期甚至在受到良好教育的妇女中都起着重要的作用，促使妇女决定待在家里，积极从事众包工作。

> 我只能在家里工作，因为我丈夫整天工作，我必须照看我的孩子和家庭。（CrowdFlower平台受访对象，意大利）
>
> 我是一名家庭主妇，家里有很多事要做，比如做饭、照看孩子。在闲暇的时间，我想做一些有收入的工作。因此，我喜欢众包工作，不需要投入……（AMT平台受访对象，印度）

在一次访谈中，一位有两个小孩（年龄分别为1岁和3岁）的印度妇女说，她有了孩子以后就停止了工作。她的家庭认为母亲就应该照看孩子，并且在她的朋友圈里（其他待在家里的母亲）有一种普遍的观念，结婚的妇女“不能离开家里的孩子”，以及

"没有人能代替母亲"。

对于这类妇女，在承担家庭责任的同时，众包工作为她们在家里从事有偿工作提供了一个渠道。但是，这样会加重妇女的负担。2017 年，有小孩的妇女每周平均用大约 19.7 个小时从事平台工作（见图 4.10，A 组），比全部调查样本平均工作时间只少 5 个小时。很多妇女在夜间（晚 10 点至早 5 点，36%）和晚间（晚 6 点至晚 10 点，65%）工作，并且 14%的妇女 1 个月内超过 15 天在夜间工作 2 小时以上（见图 4.10，B 组）。

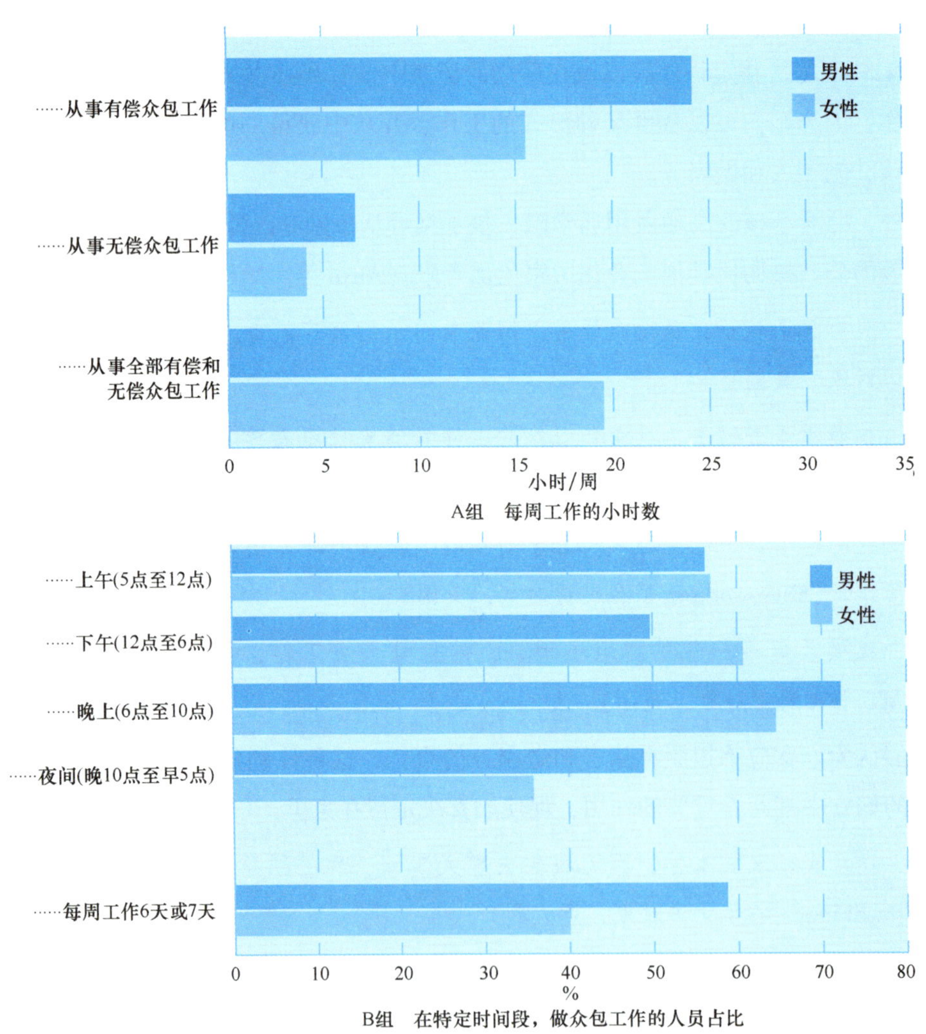

图 4.10　按性别划分，2017 年有小孩（0~5 岁）受访对象的众包工作强度

资料来源：2017 年国际劳工组织对众包劳动者开展的问卷调查。

注：运用顶部编码值计算每周平均小时数，最大值为 125 小时。

通过平台将工作外包出去覆盖全球范围，使得经济24小时全天候发展。这种发展进程拓展了有偿工作和无偿工作连续运转的小时数——消除了家庭与工作之间的固定界线。虽然众包工作让更多的妇女获得了一些收入，但是考虑到她们的照看责任和家务工作的巨大工作量，众包工作也给她们带来了额外的负担（国际劳工组织，2016a）。

注释:

1 "取决于资格、速度、做法和关注度,你可以每小时挣10美元以上。平均来讲,我们预计Clickworker平台劳动者每小时挣9美元。"(https://www.clickworker.com/clickworker-job/ [2018年1月18日])。

2 参见http://faircrowd.work/platform/amazon-mechanical-turk/ [2018年1月10日]。

3 参见http://faircrowd.work/platform/clickworker/#tos 和 http://faircrowd.work/platform/prolific [2018年1月10日]。

4 参见https://www.mturk.com/worker/participation-agreement,最近一次更新日期:2017年10月17日[2018年1月16日]。

5 参见https://www.prolific.ac/researchers#pricing [2017年11月20日]。还可参见网站http://help.prolific.ac/general/how-is-prolific-different-from-mturk-co。

6 参见http://faircrowd.work/platform/amazon-mechanical-turk/ [2017年11月20日]。

7 2015年,60%的人员每周至少工作6天(其中,21%每周工作6天,39%每周工作7天)。

美国众包劳动者 © Allison Hart

第五章

众包劳动者面临的风险和机遇

第四章聚焦了平台劳动者的工作条件，特别是工资和工时情况。本章分析平台劳动者在工资、获得追索权、平台与平台用户怎样对待他们等方面面临的风险。有关众包劳动者工作条件显而易见的情况是，微任务平台的架构对劳动者和算法管理的后果起到至关重要的作用（Choudary，2018）。正如第一章中所讨论的，向“大众”分配任务，随后竞争工作岗位，以及工作任务的算法管理，对于塑造劳动者的工作经历起着决定性的作用。尽管众包工作存在一定风险，但它的确给劳动者带来了收入和工作机会。本章探讨劳动者在从事的任务类型、技能应用和职业前景方面存在的机遇。

5.1 工作产品被拒收、缺少透明度和无报酬

> 当你完全处于众包工作平台的控制之下时，就业状况就会十分不稳定。他们可以在任何时候关闭你的账户，而且你没有保护措施。（CrowdFlower 平台受访对象，英国）

众包劳动者最大的抱怨是他们的工作产品遭到不公平的拒收，由此造成不能获得工作报酬。发生不公平拒收是由于任务设计较差、任务说明不清晰、技术有误差或者任务发布者不诚实（McInnis 等，2016）。正如第一章中所解释的，微任务平台的一个突出特点是很多任务是由算法而不是人工监控，尽管代码程序是人编制的，将工作外包给平台劳动者的决定是人做出的。因此，劳动者挑选任务后，在很多情况下，是由控制工作流程、劳动者任务记录和报酬的算法对工作进行“监督”。

当把监督移交给算法时，就会产生不公平待遇的问题。例如，若 3 名劳动者从事某一特定任务，当其中 1 名劳动者的工作结果与其他 2 人不一样时，设定的算法会自动拒绝那个结果不一样的工作产品，即使工作结果是正确的。因此，通过算法审核工作结果存在拒收出色完成的工作产品的风险。更令人烦恼的是，目前尚未建立一种

机制，让劳动者知道工作产品被拒收的原因，劳动者对拒收决定提出质疑也十分困难。

正如数字就业专家 Lilly Irani 所解释的，在微任务平台上提出申诉的可能性十分有限："AMT 平台不需要任务发布者做出回应，很多平台都不需要；一些任务发布者注意到劳动者数量与任务发布者数量的比值是 1 000∶1，由此造成反馈信息的成本过高，无法承担。"正如一个大型的任务发布者向 Irani 教授所解释的，"你不能将时间花在互相发送电子邮件上。你阅读电子邮件花的时间成本比支付给他们的报酬还高。必须让一个算法系统在一定规则下自主运行……并与你的商业程序融为一体"（personal communication，2015a）。

结果，劳动者通常不知道工作产品被拒收的原因，要么由于收不到反馈信息，要么由于反馈信息很不清晰。考虑到算法的"黑匣子"特性，这种无反馈现象还源于任务发布者本身的确不知道工作产品被拒收的原因（Pasquale，2015）。这种方法对于劳动者是不公平的；首先，由于劳动者得不到工作产品被拒收的反馈信息，由此失去了吸取教训并在未来提高工作绩效的机会；其次，极有可能的情况是工作产品实际上对任务发布者仍有用，在这种情况下，不支付报酬就是盗窃劳动者的工资。对于受到不公正拒绝给予报酬的劳动者，其工作评级的下降会对他们产生不良的后果，任务发布者在网络平台上的声誉也会受到损害。

工作产品被拒收不仅造成劳动者得不到报酬，而且影响劳动者获得新的任务；拒收数量达到一定的标准甚至会导致自动禁止劳动者在平台上工作（实质上被解雇）。例如，在 AMT 平台，众包劳动者获得工作的标准条件是工作产品至少达到 95%的通过率。根据 Faircrowd 论坛上的评论："AMT 平台的任务发布者给劳动者留下负面的评级，或拒收劳动者的工作产品而且不给出合理原因本身就是有问题的。这些负面评级会永远跟随劳动者，影响他们获得新的工作。"[1]

2017 年 10 月，AMT 平台对平台条款做了更新和修改，涉及的内容包括"任务发布者在没有合理理由的情况下，不得拒收劳动者完成的任务"。[2]无疑，这是平台一方为改善劳动者工作条件做出的努力，但是，此条款如何实施却非常不清晰。在 Microworkers 平台，对于通过率（"临时成功率"）低于 75%的劳动者，未来 30 天不允许开展工作。在 CrowdFlower 平台，"各消费者/平台用户有权接受或拒绝 CrowdFlower 平台劳动者提交的任务，以及有权对劳动者的账号做出'标记'，以此方法阻止劳动者获得未来的工作。"[3]

在国际劳工组织的问卷调查中，每 10 名劳动者中大约有 9 名曾经遭受工作产品被拒收或者报酬被拒付的情况。图 5.1 显示了各平台中有经验的劳动者（至少从事 6 个月的众包工作）工作产品被拒收的占比分布情况。[4] Clickworker 平台（15%）、CrowdFlower 平台（14%）和 Microworkers 平台（10%）工作产品的平均拒收率相对较高，而 AMT 平台（美国劳动者为 1%，印度劳动者为 2%）工作产品的平均拒收率最低。正如前面所阐述的，平台的拒收率存在差异折射出有关拒收率和通过率方面平台的规定有所不同。总体上，在 18%的劳动者中，工作产品拒收率超过 10%；在 22%的劳动者中，工作产品拒收率在 5%～10%。

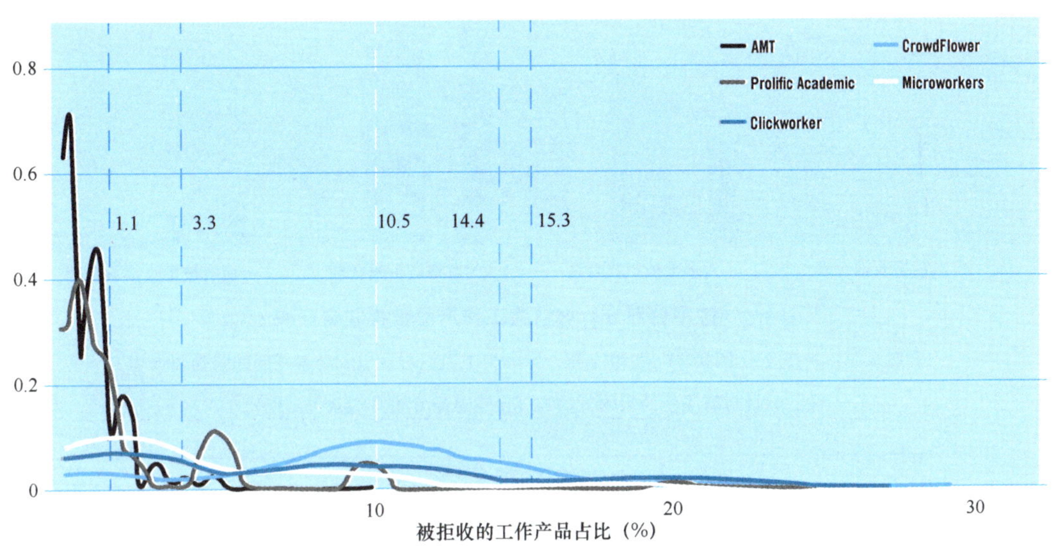

图 5.1　按平台划分，2017 年被拒收的工作产品占比情况

资料来源：2017 年国际劳工组织对众包劳动者开展的问卷调查。

注：只针对有工作经验的劳动者（至少从事 6 个月的众包工作）。为了便于展示，工作产品拒收率超过 30%的部分（占样本不足 5%）未在图中展示。竖虚线为各平台拒收率平均数。

有些拒收是合理的，因为劳动者会犯错误，或者未理解或错误地解读了操作说明，导致劳动者未正确遵循操作指南。只有 12%的受访者称，所有被拒收的工作产品都是合理的；32%的人员说大多数被拒收的工作产品是合理的；50%的人员说只有部分被拒收的工作产品是合理的；6%的人员认为所有被拒收的工作产品都不合理（见图 5.2）。当工作产品被拒收时，劳动者并不清楚拒收是否合理，因为，正如我们所看到的，没有告知劳动者问题出在哪里的机制。这种制度缺陷表明算法管理的透明度极低，除了造成劳动者收入降低外，还会让他们感到沮丧：

> 在一些任务中，你被逐出，并且没有标记更正启事，因此，你甚至不知道错在哪里。（CrowdFlower 平台劳动者，IGM 问卷调查）

很多问卷调查受访对象对不公正拒收工作产品表示担心，有些甚至暗指存在工资盗窃的情况。

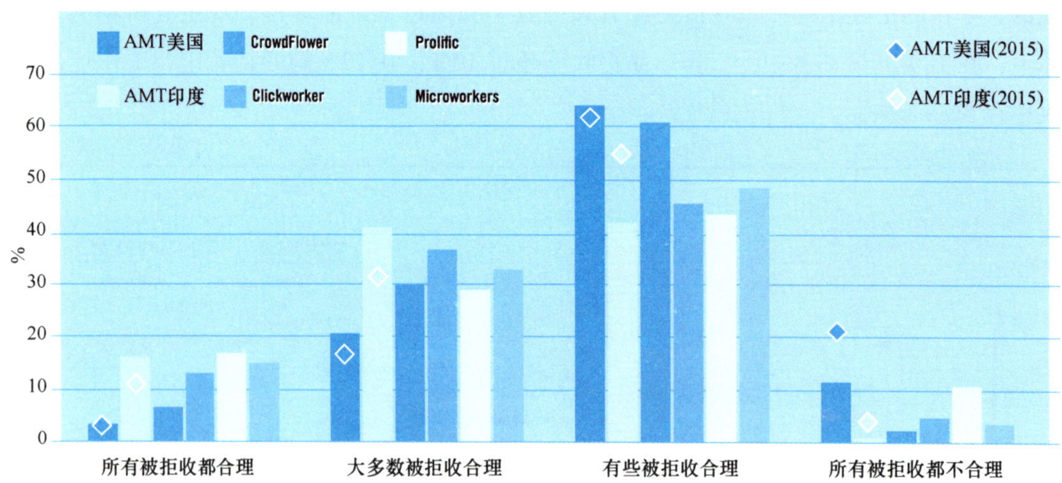

图 5.2 按平台划分，您认为工作产品被拒收合理吗？

资料来源：2015 年（问卷 2）和 2017 年，国际劳工组织对众包劳动者开展的问卷调查。

注：只针对有工作经验的劳动者（至少从事 6 个月的众包工作）。

一些供应商让我们通过图像抄写很多细节情况，有时多达 50 个数据。如果我们出现一个错误，他们就会拒收我们的任务。一些供应商提供几件任务，如果我们在一件任务中出现错误，他们就会拒收所有的任务。（AMT 平台受访对象，印度）

一些任务发布者在没有令人信服的理由下随意拒收工作产品，其目的可能是既得到工作产品，又不支付工作报酬。（AMT 平台受访对象，印度）

劳动者应拥有对工作产品被拒收提出质疑的权利。目前，完全由任务发布者自主决定。（AMT 平台受访对象，印度）

如果任务发布者决定拒收你的工作产品，你没办法对此进行争辩，获得公正的裁决。这完全取决于任务发布者，如果他们不诚实，你基本上是白干。有时，这很挫伤工作的积极性。（AMT 平台劳动者，IGM 调查问卷）

我希望改变标记/禁止系统。一些任务的发布者对标记做出了不公正的严厉规定，导致开展任务的劳动者产生大量的标记。这会在开展任务的劳动者中产生非常沮丧的情绪。（CrowdFlower 平台受访对象，印度）

CrowdFlower 平台上所有检测器都存在的重大问题是平台用户的权利。如果某个平台用户不喜欢你的工作，他有权给你的任务做标记（惩罚），将你的所有证章全部消除（你可取得最高第3级证章），并且，你将不能从事需要证章（第1级、第2级或第3级）的任何工作。（CrowdFlower 平台劳动者，IGM 调查问卷）

任务的发布者应该公正地对待成员，如当成员完成的任务有差错，并且纠正的方法不对时，任务发布者应指出差错，告之准确的纠正方法，提供充分的指导意见，不应该在未告知原因的情况下给成员做出惩罚性的标记。（CrowdFlower 平台受访对象，德国）

不公平地拒收工作产品不仅出自误导或者恶意的任务发布者，而且还由于平台设计所致。根据劳动者的阐述，有时，在平台特征、任务设计或者劳动者自己的网络浏览器等方面有误也会导致工作产品被拒收。

Prolific 平台学术部门通常对拟从事某些工作的人员事先进行审查（即个人必须满足一定的人口统计数据条件），但有时审查会出现失败的情况，有好几次给我分配了我不符合条件的任务，因此对我所做的工作未给予报酬。（Prolific 平台劳动者，IGM 问卷调查）

……应该对自动检查定期进行评估，因为这些检查会过时并且会造成并非众包劳动者产生的错误。（Prolific 平台受访对象，英国）

在可得到报酬的幌子下，某人已完成95%的任务，然后，出人意料地被告知，这些任务不再适合，那么，这种情况下，仍应为劳动者付出的工作时间支付报酬。（Clickworker 平台受访对象，英国）

当我正在开展工作时……平均来讲，每8次有1次，或每10次有1次，在工作的半途中出问题，如网络断了，或者网页打不开。然后，你得不到报酬，工作消失，你必须再次从头开始。（Clickworker 平台，国际劳工组织访谈）

不管平台故障或可靠性是否会导致劳动者工作产品被拒收，这类问题让很多劳动者感到失望。总体上，很多平台获取劳动者资格的体系非常不透明，这给劳动者带来了压力和沮丧。[5]这种不透明不仅用于劳动者的资格体系，还被应用到限制或吊销账户的原因中。在一次访谈中，一名 AMT 平台劳动者称，劳动者最大的担心就是工作产品被拒收和账号被限制：

……这是众所周知的——但是，平台不告诉你——如果你在某一段时间得到一定数量的限制——只能猜测到底有多少次，我认为大家的共识是每6个月大约3次限制——然后，平台可以吊销你的账号。你甚至不知道你何时会被限制。有时，你收到一封电子邮件，有时收不到……非常令人担心，这增加了不必要的焦虑。你总是担心“谁限制了我?”“我的账号会被吊销吗?”……我觉得平台可以解决这些问题，然而，他们对这些问题漠不关心，这让我很吃惊。因为我不喜欢在这种恐吓下开展工作，你永远不知道是否有可能被吊销账号，不公平……这是劳动者需要得到帮助解决的问题。(AMT平台劳动者，国际劳工组织访谈)

在国际劳工组织的问卷调查中，很多劳动者对于无法对工作产品被不公平地拒收提出申诉表示沮丧：

当我们遇到不公平拒收工作产品时，从支持团队获得反馈意见需要数月的时间。并且，报酬太低。(CrowdFlower平台受访对象，巴西)

大多数的更正启事都不合理，如果你考试不及格，你甚至不知道你犯的错误是什么，因此，你无法争辩。这取决于任务发布者，这些任务发布者通常反应很慢，不能纠正错误。(CrowdFlower平台受访对象，摩洛哥)

在劳动者方面，还有一种趋向，就是劳动者都很温顺。这是由于劳动者害怕如果询问原因，或者对问题提出质疑，会被平台开除，或者被雇主禁用。

有些工作产品被拒收令人怀疑。因此，我决定截图。在他们拒收后，我的截图证明我完成的工作很出色。但是，我无法要求公正，因为他们会禁止我。(AMT平台受访对象，印度)

当劳动者的工作产品被拒收时，劳动者不愿意申诉还有其他的原因。由于工作被拆分为微任务，这些微任务可在数秒内或数分钟内完成，但报酬只有几美分，为工资争辩占用的时间会多于完成微任务本身所用的时间。另外，由于平台位于某个国家，而平台用户在另一个国家，劳动者遍布全球，劳动者要在当地的劳动法庭寻求解决问题是不现实的。

众包工作几乎不能保证劳动者获得工作任务，每件任务的工资通常低于美国联邦政府规定的最低工资。劳动者得不到任何保护：如果劳动者与任务发布者之间出现冲突，平台不进行干预。(AMT平台受访对象，美国)

我认为应符合当前最低工资的法律规定，并实施仲裁程序，处理劳动者与雇主之间的争议。(AMT平台受访对象，美国)

我希望劳动者拥有一些权利，不能让报酬和工作产品被拒收的决定权完全掌握在任务发布者手里。我希望亚马逊为平台提供支持和基本的仲裁。(AMT平台受访对象，美国)

应让众包劳动者享有与现实工作场所中的人员相同的权利和待遇。到目前为止，任务发布者（通常大多数是大学研究人员）可以肆意拒收工作产品，忽视沟通交流，给参与者支付的报酬远远低于任何大学支付的报酬。（Prolific 平台受访对象，美国）

5.2 缺少沟通交流、信息反馈和劳动者的代表性

我非常感谢平台，但是，最令人沮丧的事情是，平台实际上是与任务发布者合作，并不真正保护你。平台出台的一些政策的确令人沮丧。（AMT 平台劳动者，国际劳工组织访谈）

正如前面所提及的，通常，劳动者、任务发布者和平台管理层之间的沟通很差或缺少沟通。在调查的平台中，理论上劳动者可以与平台管理层联系，然而，实际上劳动者找到正确的联系方式都不太容易，并且，信息反馈很慢、令人不满意或缺失。劳动者与任务发布者之间的沟通交流更加困难。AMT 平台和 Prolific 平台劳动者可以联系平台上的任务发布者，然而，在 Clickworker 平台、CrowdFlower 平台和 Microworkers 平台，看不到劳动者与任务发布者接触的可能性。在国际劳工组织的问卷调查中，很多劳动者指出与任务发布者沟通较差是系统的一个缺陷，这会对工作产生影响：

截至目前，对我来讲，工作最困难的地方是缺少与任务发布者进行实时沟通。由于指令不清晰，我不得不退回相当数量的任务。如果我能与任务发布者进行实时沟通，就可以得到经澄清的指令。（AMT 平台受访对象，美国）

然而，即便存在沟通的可能性，在很多情况下，劳动者感觉这是在浪费时间。任务发布者在解释出现的问题以及劳动者如何提高绩效或纠正错误方面不予回应，这的确让劳动者十分沮丧：

我希望任务发布者与劳动者更好地进行沟通。我认为我们都是普通人，应允许犯错误。对那些拒绝沟通的任务发布者应给予差的评价……（AMT 平台受访对象，加拿大）

我已告知任务发布者实际存在哪些问题，但他们中很多人从不回应，少数几个人用一些文字回复了实际问题是什么，但是，他们未指出我应该适当做些什么，结果，他们拒收了我的工作产品。（AMT 平台受访对象，印度）

我希望任务发布者……更加宽容一些，所有各类工作都有一个学习的过程。当你从事一件实际工作时，应给你学习和犯错误的时间，给你反馈意见，但是

> 在众包工作中，你第一次犯错误，工作产品就会被拒收，甚至账号被封（通常是由于任务的指令不清晰）。（AMT 平台受访对象，美国）

另外，微任务平台的评价体系是单向的。劳动者十分依赖对自己工作的评价，而平台缺少机制，能让劳动者对平台用户或者任务发布者做出评价。正如前面章节提及的，当恶意的任务发布者不公正地拒收工作产品时，劳动者没有求助渠道，他们不能发出声音。任务发布者中的另一个常见做法是低估完成一件任务所需的时间。

虽然完成某些任务（如参与问卷调查）不同劳动者所需的时间有所不同，但是，标准化的任务应有确定的估算时间，以便劳动者据此判断是否开展此项任务。然而，现实并非如此，劳动者有可能被诱导从事“报酬优厚的”任务，结果却发现完成任务所用的时间大大多于预期的时间，造成劳动者的小时收入减少。劳动者发现了“针对任务发布者的质量管理”问题，他们希望看到针对任务发布者的更有效的指令，或者，就像禁止差的劳动者账号那样，禁止差的任务发布者账号。

> 我真正不喜欢 AMT 平台的事情是针对任务发布者似乎无质量控制。我过去曾看到一些情况，任务发布者未提出任何问题，并且大都给予积极的评价，但是，突然开始大量拒收劳动者的工作产品。他们通常不了解 AMT 平台本身是如何运行的，以错误的方式使用平台工具和性能，这样会损害劳动者的声誉。这方面的一个实例是，他们运用限制用户的功能，阻止某人再次开展工作。这种限制会在劳动者的工作记录中留下负面的记录，不应采用这种方式。对任务发布者的归档管理十分欠缺。就在上周，我必须向一名新的任务发布者解释如何给我支付奖金。像这类事情应该十分清晰。（AMT 平台劳动者，IGM 问卷调查）
>
> 一些任务发布者发布很烂的工作，直到我陷得太深，无法摆脱的时候才意识到。我希望把这些任务发布者踢出平台，以便我能从更好的任务发布者那里找到更好的工作。（AMT 平台劳动者，IGM 问卷调查）
>
> 应加强对众包工作网站的质量控制，以便去除差的任务发布者，以及那些与网络攻击有关的人员。我知道对此进行跟踪难度很大，但是，当今的技术没有做不到的。（AMT 平台受访对象，印度）

当前研究中有一些开发改进工作流水体系的建议。在这种体系下，一部分大众创造产出，而另一部分大众对产出进行评估，将产出与评估相结合，形成集体的选择程序，从大众贯穿到组织，使学习产生溢出的效应（Nickerson，2014）。这种体系在多大程度上有益于微任务还需要调查证实。基于“职场回头客的信誉体系”，斯坦福大学研究人员近期启动了一个非营利的外包网站 daemo. or（Stanford Crowd Research Collective，2016）。

在这种体系下，任务发布者和劳动者对于给予更精确的反馈意见都拥有积极性，因为工作流程的设计基于参与者的反馈意见。由此，获得任务发布者高度评价的劳动者将最先获得未来的任务，并且获得的任务来自对劳动者做出高度评价的、任务量处于供给巅峰的任务发布者（Gaikwad 等，2017）。

大多数众包劳动者（58%）并不知道存在从中可获得咨询建议的在线论坛或群体，造成沟通问题更加严重。这些劳动者无法知道平台用户是好还是差，而知道在线论坛的劳动者则十分关注论坛上的问题讨论情况。在各个平台，28%~60%的受访对象曾经通过在线论坛获得了建议，或跟踪针对众包劳动者在从事不同任务中出现的问题的讨论情况（见图 5.3）。AMT 平台用户使用在线论坛的频率尤其高，他们建立了一些致力于平台的论坛（如 turkernation. com，mturkcrowd. com，mturkforum. com，turkerhub. com）。很多 AMT 平台劳动者依赖 Turkopticon[6]，Turkopticon 是一个浏览器插件，由两名计算机专业的博士于 2008 年独立开发；此插件可让劳动者在薪酬水平、支付速度及评估的公平性和沟通方面对任务发布者做出评价：

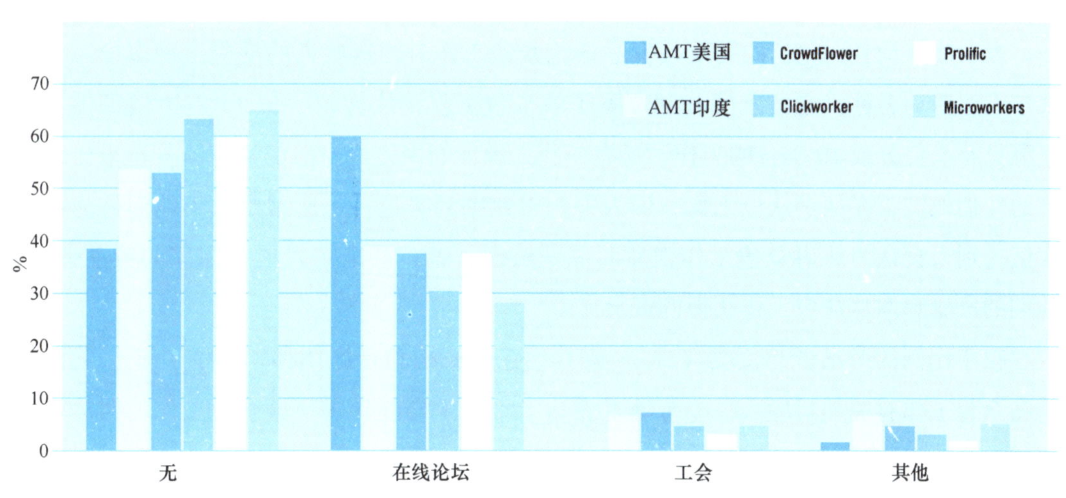

图 5.3　**2017 年，按平台划分，下面哪项为您提供了某种保护，或者是探讨和咨询与您众包工作有关的问题和建议的场所**

资料来源：2017 年国际劳工组织对众包劳动者开展的问卷调查。

你必须使用 Turkopticon，不然的话，你最终会有太多的工作产品被拒收。你在为有可能限制你的人工作，并且，你会失去你的账号。（AMT 平台劳动者，国际劳工组织访谈）

尽管一些微任务平台，如 Clickworker 平台和 CrowdFlower 平台，提供现场（被监控的）论坛，劳动者也可通过场外论坛和社交媒体进行沟通。这些论坛包括 clixsense 或 NeoBux，它们与 CrowdFlower 平台链接，在 IG Metall 问卷调查中被常常提及，还包括脸书（Facebook）和社交新闻站点（reddit）的几家分支网站上敬业的团体。劳动者运用这些论坛更加高效和成功地找到工作，分享和获得报酬优厚的任务信息，以及与遥远的同事进行交流。然而，这些论坛不能为劳动者提供保护：

> 由于我能得到信息或者谈论工作的唯一场所就是论坛，因此保护绝对是零，因为它们不是对众包工作平台和雇主有任何影响力的合法机构。（Prolific 平台受访对象，塞尔维亚）

尽管一些劳动者提及他们求助于朋友或者家庭，与他们一起讨论与众包工作有关的问题，但是，当与朋友或家庭讨论众包工作时，有些人会犹豫或者感觉窘迫。在劳动者的书面回答和个人访谈中显示出这种情况。

> 与我在一起工作的很多人被认为是脆弱群体。我们做这类工作是因为这是唯一的选择。人们通常谎称自己挣得多么多/多么少，他们对于承认经常从事众包工作会感到窘迫。（AMT 平台受访对象，美国）

当一些劳动者向他们的朋友或家庭谈论众包工作时，这些人的反应多种多样。一位塞尔维亚劳动者称，她的家庭和朋友不了解众包工作，认为她“疯了”，去做每件任务报酬只有 5 美分或 10 美分的工作。还有一些人说他们未告诉自己的家庭，甚至未告诉自己的伴侣他们正在从事众包工作，因为他们对此感到窘迫。这通常是由于他们认为收入太低，别人会认为从事众包工作浪费时间。然而，有一些来自发展中国家的劳动者称，他们的家庭感谢从众包工作获得的资金支持。

很小比例的劳动者与工会（5%）或其他互助机构和社区团体[7]（4%）一道，共同探讨与众包工作有关的问题。一些劳动者表达了希望工会能代表从事众包工作的劳动者的愿望：

> 这是具有灵活性的额外收入。然而，收入可能较低（低于最低工资标准），并且，工作无保障。你可能在未得到通知，或未被告知原因，或不得上诉的情况下被开除。应该成立网络工会组织。（Prolific 平台受访对象，英国）

> 我认为过去将 AMT 平台劳动者组织起来所做的努力，例如，建立 Dynamo、Turkopticon，以及聚集在论坛上的劳动者所做的努力，取得的成功十分有限。我希望工团主义者和政策制定者应扩大这类计划的覆盖面，为更大范围的劳动者组织提供支持。我希望政策制定者让劳动者处于对话的前沿，不仅要寻求获得劳动者的见解，而且要让劳动者在决策中起到领导作用。[8]

5.3 工作内容和技能不匹配

这类工作不需要太多技能，除了要求英语很好以外。（CrowdFlower 平台劳动者，国际劳工组织访谈）

平台上的任务大都是简短的，通常是重复性的任务，并且向大量的众包劳动者派发。微任务亦被称为“认知型的计件工作”（Irani，2015b）和“人力计算”（von Ahn，2005），因为微任务需要人类的认知能力。虽然未来的某些任务有可能实现自动化，但是，有些任务是不可能实现自动化的，因为它们需要人力投入。尽管一些任务，如内容创作与编辑、将发言转录为文本或者进行翻译，属于“宏任务”（当与“微任务”相比时，被界定为那些花更多时间并且通常需要更高技能的任务），但是，这些任务具有被分解为细碎的微任务的潜力（见 Cheng 等，2015），导致不再需要劳动者的专业技能。正如前面所提及的，众包劳动者的受教育水平普遍较高，而且教育水平与他们所从事的工作类型似乎没有关联（见表 5.1）；在受教育程度较高的劳动者中，较大比例的劳动者从事着分类和内容访问这类任务。国际劳工组织 2017 年问卷调查显示，众包劳动者开展的最常见的任务涉及回答调查问卷和参加实验活动（65%）、内容访问（46%）、数据采集（35%）和文本转录（32%）。相比而言，开展内容创作与编辑或人工智能任务的劳动者所占比例相对较小。

表 5.1 2017 年按照众包劳动者的受教育程度划分，众包劳动者从事的平台任务的具体类型（%）

	中学文凭或更低学历	技术证书	大学某种教育	学士学位	研究生学位或更高学历	总计
分类	23.3	21.0	25.4	25.1	26.1	24.8
内容访问	50.2	50.6	47.5	43.8	44.3	46.1
内容审核	9.0	12.5	6.4	7.2	8.4	7.9
人工智能/机器学习	6.8	8.5	8.9	8.8	7.8	8.2
数据采集	32.6	30.6	37.2	36.4	35.0	35.4
市场研究/评估	13.3	15.7	16.5	15.2	13.2	14.7
检验和确认	10.0	8.5	9.5	12.4	13.2	11.4
文本转录	25.6	27.4	32.7	34.4	35.3	32.4
内容创作与编辑	19.1	26.4	19.9	19.8	24.9	21.0
问卷调查和实验活动	56.2	55.7	69.9	67.5	64.4	64.9

资料来源：2017 年国际劳工组织对众包劳动者开展的问卷调查。

世界各地存在地区模式，这种情况至少是由于从不同平台获得的任务有所不同造成的。非洲劳动者在Microworkers平台主要从事内容访问和数据采集工作。拉丁美洲劳动者在CrowdFlower平台主要开展分类和数据采集任务。亚洲劳动者主要在AMT平台和Microworkers平台开展任务，劳动者最多提及的任务是内容访问、数据采集、问卷调查和实验活动以及文本转录。Clickworker平台和Prolific平台上开展任务的发展中国家劳动者比例相对较小，任务涉及问卷调查和实验活动、内容访问和数据采集。

一些劳动者喜欢做研究类的问卷调查和实验活动，因为他们感到这类工作能产生积极的影响：

> 这是我曾经做过的最容易的非全日制工作，此工作在帮助开展研究方面提供额外的奖励。（AMT平台劳动者，IGM问卷调查）

> 实验非常有意义和吸引人，实验结果将有助于解决实际问题。（Prolific平台劳动者，IGM问卷调查）

除了为研究做出贡献的积极感受外，一些劳动者还认为，参与众包工作有助于他们学习新事物。

> 我喜欢在闲暇的时候选择开展工作。我还十分欣赏AMT平台的大多数任务发布者。我一直参与一些令人感叹的研究和企业创业活动。我平时每天都可以学点东西！（AMT平台劳动者，IGM问卷调查）

特别是，那些来自非英语国家的劳动者认为，作为练习英语的一个渠道，众包工作对他们尤其有益。他们认为英语是自己未来获得其他工作机会的一项重要技能。

> 我最喜欢的是在增加英语知识的同时还能挣钱。（CrowdFlower平台劳动者，IGM问卷调查）

> 我非常、非常、非常喜欢为CrowdFlower平台工作，因为我不仅能挣钱，还能提高英语水平。（CrowdFlower平台劳动者，IGM问卷调查）

一些劳动者喜欢重复性的众包工作任务，因为他们可以进入依照顺序运行涉及很多任务的流水线和程序中；[9]对于其他劳动者，众包工作为他们提供了每一次都可做与众不同的、崭新事务的机会。例如，在IG Metall问卷调查中，在Prolific平台上工作的大约一半的受访对象指出，这是一个“有趣的”工作地方；很多人发现，工作是“激发兴趣的”“引人入胜的”和“令人开心的”。与其他微任务网站相比，在学术研究专业化的网站上，每一份问卷调查都是独一无二的。

> 因为收入好，工作相对有趣，每件任务都与众不同，我真的很喜欢。我还可以了解一些正在开展的研究情况，非常棒，并且，可以思考研究人员要试图调查

什么内容。它唤起了我在大学的日子。(Prolific 平台劳动者，IGM 问卷调查)

然而，不是所有劳动者都这样认为，一些人描述众包工作无须动脑筋，是低端的工作：

任务都是重复性的，令人厌烦的。(Clickworker 平台受访对象，美国)

有些任务比其他一些任务更加有趣，如浏览审查网站，这比填写让人头脑发木的调查问卷更加有趣。(Prolific 平台受访对象，英国)

如果我在众包工作中投入更多的时间，我可以挣更多的钱，但是，众包工作实在让人头脑麻木。(Microworkers 平台受访对象，美国)

大约一半的受访对象（46%）称，他们从事内容访问这类任务，包括在网站上创建假的用户账号、点击图片或观看视频，然后点赞或分享信息，既不需要特别的专业知识，也不会提升技能。尽管如此，劳动者仍持续不断地开展这类任务，这是因为这些任务给劳动者带来了一些益处，特别是在时间、地点、报酬和工作内容方面，这些任务具有灵活性：

这是令人头脑发木的工作，报酬无保证，无保护。但是，这也是一种自由类型的工作——你可以根据自己的工作时间、工作意愿、可获得报酬的多少决定是否去工作。并且，你可以选择从事哪种类型的工作。(AMT 平台受访对象，美国)

有些任务，如内容访问、市场研究和评估，目的是宣传网站或产品，因此，评价等级是不真实的，众包劳动者在接受访谈时证实了这种情况。受访对象称，他们对假日胜地、酒店和餐馆进行评价，其实他们从未去过这些地方。根据这些众包劳动者的阐述，评价必须是正面的，以便能领取任务报酬。在国际劳工组织的访谈中，一名受访对象称，曾经对景点如海滩，或从互联网下载的 iOS 或安卓应用软件，做过书面评价。这位受访对象非常坦率地表示，总体上这些评语都是想象的，或者是假的：

我当然从未去过那里……但是，你写那些评语时，犹如你曾去过……我当然从不相信这些评语，因为你只是对试图启用的某个东西，这么说吧，你刚启用某一应用软件，但你却对其大加赞美。你并不喜欢它，并且，你讨厌它，因为无数的广告跳出来，让人精神紧张，但是，你最后却将此事描述得很棒，因为你可以为此得到报酬。当然，你不能写下“远离此事，因为，抱歉，这很糟糕”，或者你不能写下“不要下载此软件”。(Microworkers 平台劳动者，国际劳工组织访谈)

几名劳动者还谈及了开展内容访问的任务，他们必须在规定的时间内观看 YouTube

视频，或登录某一特定网站。除了促进虚假的宣传外，内容访问还被用于政治宣传，宣传某一具体的政治议程，这会对社会产生负面的影响。计算机科学家已将这类虚假的活动划归为“恶毒的”活动（Choi、Lee 和 Webb，2016），或“网络服务滥用”（Motoyama 等，2011）。

劳动者开展的任务还包括内容筛选或内容审核，目的是从网络中删除有异议的内容（见专栏 5.1）。尽管人们通常感到算法和新技术会将有问题的用户制作内容（UGC）自动删除，但是，实际上，算法只被用于筛选和标记可疑的内容。至于内容是被删除，还是在线保留，算法还不能足够精细地做出最终的决定，这种决定需要人类的价值判断。这类任务由“隐形的劳工”，即技术背后的人类劳工开展（Cherry，2016b）。微任务化中人类劳工的隐形性“并不意味着他们是暗中的窃听器，这种隐形性是微任务的一个特征”（Schmidt，2017）。很多公司使用双轨的审核体系，基本的审核工作被外包出去（如外包给专业化的公司，这些公司通常位于菲律宾或印度，或者外包给微任务平台，如 AMT 平台），大型技术企业直接雇用的内容审核人员人数极少（Chen，2014；Roberts，2016）。开展内容审核任务会对劳动者产生巨大的心理冲击（Roberts，2014）。

专栏 5.1　内容审核：社交媒体肮脏的工作

很多网站，特别是社交媒体网站，如 Facebook 或 YouTube，允许或完全建立在 UGC 上。过去 10 年，上传到这些网站的内容量一直呈增长态势，并已达巨量：每 1 分钟，大约 50 000 张照片被上传到 Instagram 上，通过 Twitter 发送 350 000 条 tweets，上传到 YouTube 的视频时长达 400 个小时。

互联网呈献给普通用户的是相对干净的形象，而且人们的普遍看法是，有问题的内容是被计算机或算法删除的。然而，事实上，删除互联网上有问题的内容，即“社交媒体肮脏的工作”（Roberts，2016），是由大量的人类劳工在计算机背后帮助完成的，他们是“隐形的劳工”（Cherry，2016b）。内容审核员要么在 UGC 发布之前（主动审核），要么在发布之后，当网站用户将有问题的内容做出标记时（被动审核），对 UGC 进行筛选。考虑到上传至以 UGC 为主的平台的内容量巨大，大多数审核员只处理那些被标记为不合适的内容。另外，以 UGC 为主的平台指望平台用户群体对有问题的内容做出标记，这样可以不产生任何费用。

大多数内容审核员都受过良好的教育，但是，他们却将时间用于寻找“充满种族主义的、憎恶同性恋的，或厌恶女人的形象、语言，或暴力”内容（Roberts，2016）。审核员只有几秒钟的时间判断内容是否违反平台的道德准则或伦理标准。平台的准则不一定符合遍布世界各地的审核员自己的准则。这表明，审核员的判断准则与自身的道德准则以及个人和文化的价值观会有所不同。曾为 Facebook 工作过的一名审核员将工作描述为："感觉好像有一条污水管，全世界所有的乱物/脏物/废物都涌向你，你必须清洗它"（Chen，2017）。另一位审核员将工作描述为：必须审查"1 天发布的多达 8 000 条的信息，这些信息充满了仇恨的语言、疑似性剥削的视频，以及暴力"（Glaser，2018）。

劳动者的工作条件进一步加大了审核工作的难度，劳动者通常以承包商的身份被雇用，他们不是正规的全日制雇员。对于正在从事的工作，他们得不到培训或者心理援助。不断暴露在暴力内容中会对个人造成长期的心理伤害，通常会导致与创伤后应激障碍（PTSD）十分相似的症状，如失眠、噩梦、焦虑或幻觉；因此，从事这类工作会产生问题。而问题的严重性尚未得到很多技术公司足够的重视。

据估算，目前共有超过 15 万名内容审核员从事这类工作（AlJazeera，2017）。2017 年 5 月，随着与实时播出的谋杀、自杀和强奸镜头有关的丑闻曝光，Facebook 宣布，除了遍布全球的"社区运作团队"中工作的 4 500 名现有审查人员以外，再增加 3 000 名新的审查人员（Solon，2017）。相似地，YouTube 也宣布将于 2018 年增加与内容审核有关的人员和专家人数，总数达到 10 000 人。根据 YouTube 的说明，这些专家包括构建和改善机器学习技术的工程师以及训练机器学习算法的政策专家（Perez，2017）。

尽管人工智能和算法有助于提高审核流程的效率，但是人的判断仍是不可缺少的。例如，根据 YouTube（2018），2017 年 10—12 月，在被删除的 830 万个视频中，大约 81%是通过机器做出标记删除的，而不是人工标记删除的。然而，隐藏在背后的事实是，一旦视频被机器做出标记，屏幕后的人员必须对标记进行确认，从而将有害的内容删除。人参与内容审核的秘密并不罕见，通常要求劳动者签订保密协议，防止他们与局外人讨论工作内容。

过去的几个月，在增加透明度和加大监管力度方面，平台用户、民间社会和行业群体对平台施加的压力越来越大。YouTube 声称，它"将持续不断地对包含 150 多家学术机构、政府合作伙伴，以及非政府组织的网络体系进行投入，网络为我们的执法体系带来宝贵的专业知识……" YouTube 最近还发布了有关社区指南实施报告。报告显示，对于所有被自动标记的删除物，在未经查看的情况下，大约 76%的令人反感的视频被删除。然而，目前尚不清楚，YouTube 为内容审核员提供了哪些指导原则，他们的工作条件如何，以及这些工作条件对劳动者的工作成果实际产生了怎样的影响。人们也做出了一些努力，鼓励公司披露服务条款的执行情况；公司在多大程度上清晰说明了哪类内容允许在平台上发布，哪类内容不允许发布；以及怎样实施相关规定，由谁来实施（Maréchal，2017）。

在这些压力下，2017年12月，由Sarah Roberts在洛杉矶加利福尼亚大学组织召开了为期两天的会议，会议主题是“万物皆审核”，会议就未来的内容审核提出了指导原则。这是向前迈出的非常重要的第一步，因为它为包括监管机构和民间社会的不同主体实施干预措施潜在地提供了指导原则。这些高水准的原则是：(1)“法定诉讼程序”，应让所有用户在任何时间获得这一程序，无论他们是否违反，或者用何种方式违反了社区标准；(2)运营的内容、程序和更广泛的内容审核体系的“透明度”，这是朝着负责任的方向迈出的重要一步；(3)“监护责任”，企业或者平台能否承担监护人的职责，或者是否有必要为公众开发工具或资源来应对这些问题；(4)实施“人权”框架，可给社会赋予更大的合法性空间，可促使企业尊重劳动者的权利，可为国家和非国家主体确立多项责任。

资料来源：http://www.internetlivestats.com/和https://expandedramblings.com/index.php/youtube-statistics/。

注释：这些数据涉及2017年11月/12月的数据。

5.4 众包工作使发展中国家技能劳动者发挥最佳作用了吗？

众包工作被宣传为对发展中国家劳动力市场产生了积极的影响，因为它在经济萧条的地区创造了新的收入和就业机会（Nickerson，2014；Roy、Balamurugan 和 Gujar，2013；Narula 等，2011）。一些人认为众包工作是经济发展和对抗贫困的“良方”（Schriner 和 Oerther，2014）。在肯尼亚农村开展的实验中，Schriner 和 Oerther 用文件显示，从事众包工作的劳动者如何运用获得的收入建立起小企业，并对教育进行投入，从而进一步提升了其未来的潜在收入。纽约大学商科教授 Arun Sundararajan 认为，由于平台对所有各类任务发挥中介的作用，它们为非专业人士进入劳动力市场创造了机会（Sundararajan，2016）。由于各类任务需要计算机知识或需要使用电子设备，因此，人们认为与发展中国家的传统经济活动相比，众包工作具有较高的社会价值。由此，一个基本概念孕育产生，即众包工作可为发展中国家处于失业的、就业不足的或在非正规部门的低技能劳动者提供有酬就业的机会。

然而，实际上在发展中国家，从事微任务众包工作的绝大多数劳动者既非未受过教育，也非处于失业状况。正如第三章提及的，大部分劳动者受教育程度很高，拥有学士学位或硕士学位。若将这种高水平的教育进一步分解为劳动者所学专业时，众包劳动者的教育背景的确令人感叹：大约57%的劳动者所学专业是科学和技术（其中，12%为医学和自然科学，23%为工程，22%为信息技术和计算机）；26%的劳动者所学专业为经济学、金融和财会；剩余的17%的劳动者所学专业为艺术和社会科学（见图5.4）。

大多数劳动者在市中心和机构获得教育，平均花的教育费用较高，特别是科学和技术专业。另外，在发展中国家，取得高等教育学历相当昂贵，家庭通常没有为教育进行投入的资源，或者教育投入需要家庭在财务方面做出很大的牺牲。另外，为了促进高等教育发展，国家通常为教育业提供补助，或者为学生提供奖学金，以便这些学生能从事高等教育学习。

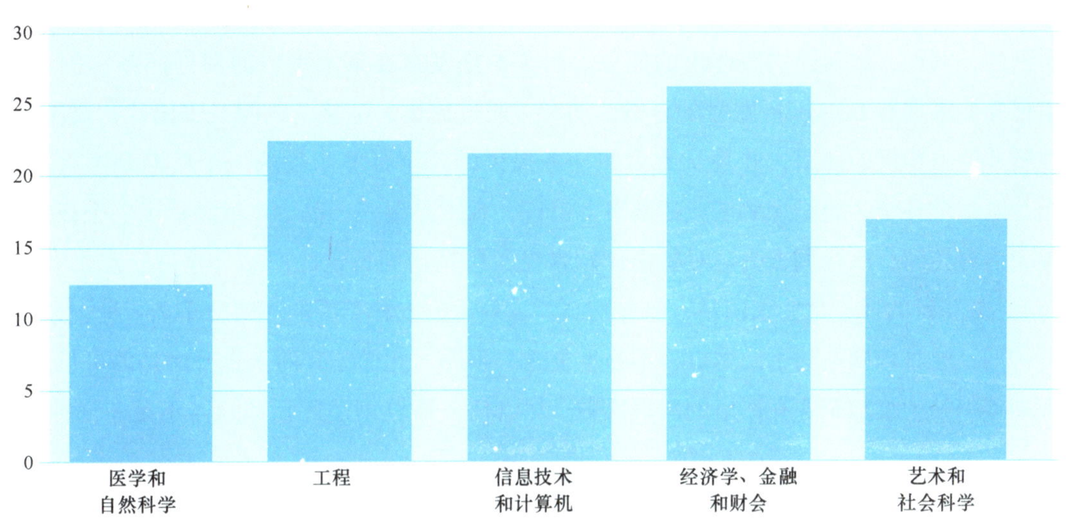

图 5.4 按学科划分，发展中国家受过高等教育的劳动者分布情况（百分数）

资料来源：2017 年国际劳工组织对众包劳动者开展的问卷调查。

注：高等教育包括取得学士学位和硕士学位或受过高等教育的人员。

将公共资金投入个人的教育中，目的是将知识转化为对国家经济及其社会有益的和有价值的经济活动。特别是，人们希望通过创造新技术和发明新产品或革新（包括在机器人方面）推动社会进步，使这些人员成为有助于生产性经济转型的催化剂。另外，在经济发展的背景下，高等教育不仅在收入和工作保护方面有助于实现高质量就业，而且还有助于提升工作的内容；如果大多数劳动者被雇用于传统的线下工作，并且从事获得培训的职业，他们势必会在工作中施展自己的技能。

虽然网络平台具有扩大和开启就业机会的潜力，但问题是："这是下一代人理想的工作途径吗？"（Kittur 等，2013）这是当前理想的工作途径吗？存在的风险是，众包工作，特别是微任务工作，可能是不再需要专业技能的工作，并且众包工作还会用那些无须技能的劳动力置换或取代某些类型的技能劳动力，这是由于工作内容趋向于被分解为更微小的任务（Kittur 等，2013）。而且，对于发展中国家（工业化国家也如此），公共资金投入到教育中，尤其是对科学、技术、工程学和数学（STEM）的投入，旨在促进革新和促进国家在信息技术（IT）方面的主导地位，但是，这种公共投入存在浪费或利用率不足的风险。的确，发展中国家的教育政策与产业政策之间存在相互脱节的现象：教育政策是要培养出受过高等教育的劳动者群体，而产业政策是要能够运用刚培养出来的大学毕业生的技能。正如前面所提及的，很多受过高等教育的劳动者将时间用于书写他们从未见过的产品、景点或公司的评语，为那些可能并不在本国的企业做营销，而不是施展自己的才能，满足本国公共和私营产业的需要。

很多微任务都是简单的和重复性的任务，并且有些任务存在道德问题，正如我们所看到的，例如，涉及提供假评语的任务。图 5.5 是发布在某家平台的两件任务实例。A 组任务要求拥有 Instagram 账号的合格劳动者，通过提供的链接，访问一张图片，对图片点赞并留下积极的评语，并且从专为此任务提供的几个标签中挑选一个粘贴到图片上。图片是一个杯子，为纪念父亲节在网络上销售，意图是促销产品。B 组显示了一个任务，涉及内容访问，这在调查受访对象中比较常见，包括访问特定的网站（搜寻、点击和参与）。劳动者的任务是登录网站，打开网页，在列出的 6 种类型的产品中任选一种，过一分钟后，通过该网站的不同网页，不断重复这一程序。此任务有助于提升网站的可见度，在搜寻引擎中增加企业在网络的出现次数。尽管任务概览阐述此任务只需不足 3 分钟的

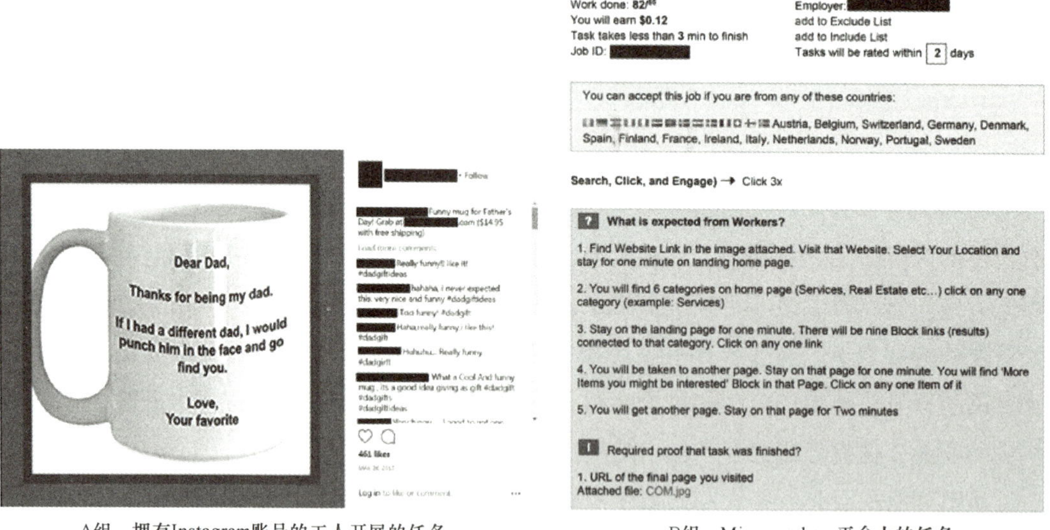

A组　拥有Instagram账号的工人开展的任务　　　　B组　Microworkers平台上的任务

图 5.5　微任务平台上发布的任务实例

资料来源：Instagram 上的任务截图，https://www.instagram.com/［2017 年 6 月］，以及 Microworkers 平台上实际任务再现，任务于 2017 年 10 月发布。

时间，但是，实际上，劳动者遵循任务说明书操作，完成任务至少需要5分钟，这还未包括寻找任务和提供任务完成的证据所需的时间。另外，正如前面章节中讨论的，很多发展中国家正在成为开展内容审核的中心，在这些国家，大学毕业生正在从事筛查内容和令人反感的材料和图像的任务。很多这类任务被描述为是无聊的任务，因为劳动者对于所做的工作无须思考，只需简单遵循一套盲目制定的操作说明，在受访对象的书面回答中也提及了这种观点。

在国际劳工组织问卷调查中，一些受访对象由于在平台上找不到施展自己专业技能的任务而感到沮丧。很多人还发现，难以将自己线下的技能转到数字工作的轨道上，他们为自己有限的职业发展前景感到焦虑。在国际劳工组织的访谈中，Clickworker平台上的一名劳动者对于工作质量十分沮丧：

> 刚开始时，我期望着我会获得一些较高质量的工作，像翻译文件这类的工作。但是，这种情况不常见。通常是很简单的、基础性的工作。这真不是我最初所期望的。

这名劳动者一直希望施展自己的才能，希望作为经济学家和精通语言的专家开展培训活动，从事与自己专业有关的任务，“但是，清点货架上洗发露瓶子数量，当然与（我日常工作中）任何事情都毫不相干。”劳动者对于微任务平台上的工作经历在多大程度上有助于自己未来就业前景也表示担心：

> 我过去有严重的健康问题，阻碍我在正常的工作环境中开展工作。现在，我差不多恢复正常了，但是没有工作经历很难找到一份工作。没有人认为在家里工作是正当的工作经历。（AMT受访对象，印度）

> 众包工作让我免于无家可归，或者至少不用回到家里与父母住在一起，但众包工作也会带来伤害，因为离开正规劳动力市场时间太久会让人难以找到体面的工作。（Prolific平台受访对象，美国）

事实上，正如前面提及的，劳动者通常不愿意告诉家庭成员和朋友自己在平台上从事微任务工作，因为人们感觉这类工作不是正经的工作。这种看法也让一些劳动者对于众包工作能否在个人简历中有所体现产生了一种不安全感；他们担心，众包工作可能是不被人们认可的工作。在AMT平台社交网络群体中，下面的讨论涉及了此问题：

> 我正在考虑申请非全日制工作。能否有人告诉我，AMT平台的工作经历在个人简历上都写些什么呢？（AMT劳动者1）

劳动者对此问题的回应是：

- 数据处理信息（AMT劳动者2）

- 独立承包者（AMT 劳动者 3）
- 自由撰稿人（AMT 劳动者 4）
- 我会写……开展广泛的云计算任务，包括书写、文本转录和数据录入（AMT 劳动者 5）

这些回答显示出在其他人如何看待这类工作方面劳动者拥有的不安全感，以及对缺少学习机会或获得技能感到担心（Drahokoupil 和 Piasna，2017）。除了带来一些直接的经济收益外，众包工作几乎不提供职业发展和经济地位变动的机会。

在发展中国家劳动力市场，人们对于数字就业潜在益处的争论主要围绕“技能套利”和“劳动套利”方面谈判力的相对水平展开（Graham、Hjorth 和 Lehdonvirta，2017）。人们认为对于劳动者和雇主，这是一个双赢的局面，是经商的有效办法，因为企业可以获得多样化的低成本劳工。劳动者实际开展的一些任务通过对企业较好的评价和让企业有更大的可见度，在增加企业利润或提升企业服务方面，为企业带来益处（Ekbia 和 Nardi，2017），正如前面观察到的，这不需要任何专门的技能。但是，人们的担心是，相关机构为了实现优化的认知效率目标，通过微任务使劳动者不再需要技能，这是否会对国家的教育制度产生影响，因为学校感觉不再需要教学生认知技能，这对经济乃至全社会都会产生严重的后果。

有关微任务平台上开展的任务如何给社会增添价值也存在问题。平台上提供的大多数任务，尽管有助于企业发展和提高企业利润，但不能创造产品或中介程序，转而在社会上创造新的、更多的就业岗位（倍增效应）。很多发展中国家政府和政策制定者将众包工作看作是好工作的来源渠道（Graham、Hjorth 和 Lehdonvirta，2017；Kuek 等，2015；Schriner 和 Oerther，2014），并且已着手为数字基础设施和计划进行投入，培养劳动者从事平台工作，尤其是诸如 Clickworker 和 Upwork 这类平台。目前，一些发展中国家的主要城市还建立了私营培训机构，在内容访问、搜索引擎优化（SEO）、内容创作与编辑方面，为培养劳动者开展这类微任务提供了大量的支持。虽然培养劳动者在宏观或软件开发平台上从事高端任务（编码和编程）对劳动者是有益的，但在微任务方面对劳动者开展培训可能不是使用这些受过良好教育的劳动力的最有效的方法。

虽然人们需要开展创新和技术应用，但是还需要就哪些教育和产业政策有助于经济和社会发展，在公众中展开广泛的讨论。在讨论中，政府的作用十分重要，必须将“社会利益置于企业家或企业利益之前”（Schmidt，2017）。在发展中国家，资源短缺，为了促进科学和技术的进步，大量的公共资源投入科学、技术、工程和数学中。从发展的眼光看，如何以有助于经济发展的方式使用高学历和高技能的劳动力，这种问题会摆在人们的眼前。在过去，一些发展中国家通过发现有增长潜力的行业，给经济带来了生产性的转型。这些国家将稀缺的资源用于开发技能和增长知识，并从这一策略中收获了成果。[10]在当前的形势下，不仅需要分析行业，还需要分析那些能够运用高素质的劳动者促进经济转型和社会发展的企业所在地理位置和企业网络。以独创的方法运用技术来解决很多急迫的问题，如气候变化问题，拥有巨大的潜力。应更多地关注如何在这些领域更有效地运用科学、技术、工程和数学技能。

注释:

1 参见 http://faircrowd.work/platform/amazon-mechanical-turk/［2018 年 1 月 5 日］。

2 参见 https://www.mturkcom/worker/participation-agreement。

3 参见 http://faircrowd.work/platform/crowdflower/［2018 年 1 月 5 日］。

4 无工作经历的劳动者通常有较高的工作产品被拒率。可将此解释为学习曲线和劳动者期望值初期的潜在不确定性,或解释为只有最成功的劳动者才能持续保持在平台工作。

5 还可见 reddit 网站上有关 AMT 平台"硕士学历"的重要评论和炒作,显示出对劳动者的随意指派,参见网站 https://www.reddit.com/r/mturk/comments/36ic4h/master_qualification/。

6 参见 https://turkopticon.ucsd.edu/。

7 这些团体主要是朋友、亲戚和当地社区。

8 参见 http://faircrowd.work/2017/04/30/worker-profile-rochelle/［2018 年 1 月 19 日］。

9 参见如 http://faircrowd.work/2017/04/30/worker-profile-rochelle/［2018 年 1 月 19 日］。

10 例如,巴西、哥斯达黎加、印度和韩国(Amsden, 1989; Rodrik, 2004; Cimoli、Dosi and Stiglitz, 2009; Salazar-Xirin-achs, Nübler and Kozul-Wright, 2014)。

哥伦比亚众包劳动者 © Wilson D. Osorio Betancouth

第六章

迈向网络世界体面劳动

网络微任务平台于 21 世纪初首次出现，目前仍然是一个年轻的行业。尽管获得从事微任务平台工作的劳动者的具体数字十分困难，但是过去十年平台与劳动者数量的增长趋势以及在网络平台上发布很多线下任务的可能性表明，众包工作的规模还会继续扩大。由于众包工作可以在任何地点开展，只要有可靠的互联网连接即可，因此众包劳动者是无边境的、遍布全球的劳动力。

目前，众包平台尚无政府监管，由平台自己确定工作条件。平台自行决定“多久一次和在何种情况下平台方与参与者进行沟通，相关方收集哪些信息，以及信息如何展示。平台还制定有关准许从事哪些行业，如何获得平台准入，允许使用哪种合同和价格等方面的政策”（Agrawal 等，2013）。与其说众包工作平台无监管，不如将其描述为“平台监管”更加精确。这种情况是有问题的，因为最善意的平台都必须将商业需求放在第一位，否则就会存在与竞争对手交锋中失去市场份额的风险。

众包工作为劳动者获得收入提供了新的机遇，但是管治平台的劳工标准的缺失意味着平台工作是靠不住的，这给劳动者安排自己的生活带来了困难。另外，平台工作通常都是低薪工作。无论是对于正在从事的工作，还是工作条件，劳动者几乎没有机会与平台用户或平台运营商进行沟通，结果在一些情况下造成不公平的待遇，导致劳动者士气低落。由平台自行决定赔偿造成劳动者通常得不到赔偿。服务条款由单方实施，劳动者唯一的选择是接受条款，否则就要去寻找其他的工作。

迄今为止，劳动者和劳动者支持者致力于改善微任务平台的工作条件。有很多由劳动者自己管理的网络论坛，用于劳动者探讨如何在众包工作平台上最有效地开展工作，包括对任务发布者和工作任务进行评估，除此之外，还出台了一些举措，鼓励平台和平台用户遵守最低标准。这些举措包括：（1）设立第三方平台 Turkopticon，让劳动者对 AMT 平台上发布任务的平台用户进行评价；（2）AMT 平台针对学术任务的任务发布者实施 Dynamo 指导原则；（3）建立网站 FairCrowdWork. org，这是德国金属行业工会、奥地利工会和瑞典白领工会 Unionen 共同发起创建的网站；（4）制定众包行为准则，这是德国众包工作平台倡导的自愿承诺。签约平台还与德国金属行业工会合作，创建了“监督办公室”，劳动者可向监督办公室报告与平台运营商出现的争议。监督办公室寻求通过达成一致的方法解决双方的争议。

这些举措将在下节进行详细阐述。下节还将探讨从上述4项举措中取得的经验和教训；通过说服平台用户对工资最低标准和行为准则做出承诺，记录了提高平台报酬和改善平台工作条件的新兴战略。最后，以倡导公平的众包工作的18条政策建议，以及扩大社会保护覆盖面、覆盖众包劳动者的3条附加建议结束本章内容。

6.1 改善微任务平台的一些举措

6.1.1 第三方平台：Turkopticon

Turkopticon是第三方网站和浏览器插件，AMT平台劳动者通过Turkopticon对平台用户（任务发布者）和任务进行评价。Turkopticon于2009年启动。截至2018年4月，劳动者已在Turkopticon网站针对6万多名任务发布者发布了43万条以上的评语。劳动者根据各类准则对任务发布者和任务进行评价（Irani 和 Silberman，2013）：

● 报酬。

● 提交的工作产品得到评审和报酬支付的速度。

● 对提交的工作产品进行评审的公平性（如果任务发布者“拒收”提交的工作产品，即拒绝支付报酬，应该有合理的理由）。

● 沟通交流（即如果劳动者需要与任务发布者就任务进行沟通，任务发布者能及时地、尊敬地和有帮助地回应吗？）。

2014年，一项针对Turkopticon独立的实验研究揭示，有关任务发布者信誉方面的信息对于劳动者和“好的”任务发布者都十分重要（Benson、Sojourner 和 Umyarov，2015）。信誉信息可让劳动者避开那些经常不公平地拒绝支付报酬的任务发布者。随着有关任务发布者良好行为信息的不断积累，任务发布者的信誉会吸引劳动者参与其工作任务。由此，好的任务发布者的工作任务会被较快地完成，并且是由那些创造高质量工作产品的、经验更丰富的劳动者来完成。

总体上，虽然在管治各方关系的正式合同赋予雇主更多权利的情况下，平台用户或“雇主”的信誉体系会有益于劳动力市场劳资双方中善意的各方。具体讲，由于Turkopticon只是一个志愿者运行的体系，没有运营收入，因此一直在持续不断地努力应对诸如场所骚扰和欺骗性评价这类问题（如当任务发布者对自己进行评价时，或者由于待遇差造成劳动者心烦意乱创建多个账号发布多个负面评价时；参见 Silberman 和 Irani，2016）。因此，任务发布者的信誉信息可带来的有益的潜能，目前尚未在 AMT 平台完全实现。

6.1.2 AMT 平台学术任务发布者的 Dynamo 指导原则

2014 年，一些经验丰富的众包劳动者同人机交互研究人员合作，制定了 AMT 平台针对学术工作任务发布者的指导原则。研究人员的主要作用是在探讨劳动者的工作经历与制定指导原则方面为劳动者提供支持。重要的是，由于各类不同的劳动者群体拥有不同的观点，研究人员由此创建了一个独立的、供探讨的论坛，通过此论坛，经验丰富的劳动者可以在没有不同劳动者群体之间“剧情”情况下匿名商议（Salehi 等，2015）。Dynamo 指导原则[1]包括“如何成为一名好的任务发布者的基础知识”，以及探讨学术研究合乎道德标准的报酬。

“如何成为一名好的任务发布者的基础知识”[2]一节值得关注，因为它显示了经验丰富的众包劳动者中广泛存在的共识，这就是众包工作平台一般不会轻而易举或者凭直觉供任务发布者使用。证明文件尤其是具有“先进”特点的文件有可能正在消失、难以找到、不够清晰或已过时。结果，高素质的、善意的任务发布者（例如，希望公平支付劳动者报酬和公平对待劳动者的大学研究人员）甚至有可能无意地对劳动者报酬支付不足或不公平地对待劳动者（Silberman 等，2018）：“如果平台用户（即任务发布者）不了解，众包工作包括研究涉及通过复杂的、易出错的系统与那些有多种需求、期望和技能的劳动者进行互动，那么，平台用户就有可能无意地对劳动者报酬支付不足或不公平地对待劳动者。”Dynamo 指导原则中“如何成为一名好的任务发布者的基础知识”解释了原本可能不清晰的各种各样的平台特征适当（和不适当）的使用情况。

“公平报酬”一节指出，很多众包劳动者“依赖来自众包工作的收入，众包工作收入作为他们的补充收入或主要收入”。因此，按照指导原则的作者观点，“众包劳动者是劳动力”，招募众包劳动者开展任务的美国研究人员应该至少给他们支付美国最低工资。与之形成鲜明对比的是，提供“象征性”报酬的常见做法（对于线下的研究参与者同样如此，他们不大可能将自己参与研究看作是一种劳动，据此获得主要的或重要的补充收入），或者每小时工资只有 2~3 美元。

2014—2018 年，超过 75 名任务发布者签订了 Dynamo 指导原则，表示愿意在管理任务方面遵守原则。大多数签约者是美国、欧洲和亚洲知名大学的研究人员。劳动者说，他们时不时地会在发布的任务中看到，任务发布者指出他们已签订 Dynamo 指导原则并打算遵守指导原则。然而，与 Turkopticon 一样，Dynamo 指导原则也是由志愿者负责实施，没有正规的强制执行或争议处理机制。若与市场规模相比，签订指导原则的任务发布者数量仍相对较少。指导原则的运行者考虑创建软件工具，让劳动者根据发布任务的任务发布者是否签订了指导原则对任务进行快速过滤；然而，这种想法目前尚未付诸实施（Salehi，personal communication，2018）。据我们所知，已签订指导原则的任务发布者并未像 Turkopticon 网站上任务发布者获得良好信誉那样获得了实实在在的益处。

6.1.3 FairCrowdWork. org 网站

德国金属行业工会于 2015 年启动了 FairCrowdWork. org 网站，并与奥地利工会和瑞典白领工会 Unionen 共同合作运营。该网站从工会的角度，提供有关众包工作平台的信息。除了有关众包劳动者权利和法律责任以及众包劳动者工会资源的信息外，网站还提供详细的工作流程描述和各类知名众包工作平台的评级情况。这些“平台简介”涉及任务、工作流程、平台用户、劳动者数量，以及平台运营公司方面的信息（如雇员数量、位置、资方）。这些信息通过“桌面研究”和以“星级”显示的工作报酬、沟通交流、工作评估、任务和技术的数字评级获得。平台评级基于对劳动者开展的详细的调查问卷（多达 95 道题），通过平台自己收集获得。调查问卷询问劳动者在平台上的工作年限、收入情况、他们与平台用户和平台运营商工作的经历（例如，对提交的工作产品的评估情况和沟通交流情况），以及他们与平台技术本身合作的经历。根据经记录的现场程序，问卷问题的回答被自动转换成评级。[3]平台简介还包括基于 5 项准则对每家平台服务条款的简单评级。针对平台服务条款的评估，制定更加复杂的准则的企图被暂定列入计划中（Harmon 和 Silberman，2018）。

FairCrowdWork. org 网站上计算评级使用的程序根据 Turkopticon 早期模式（2015—2017 年）演变而成，在 Turkopticon 网站，任何用户都可以对平台进行评级，并且不用回答调查问卷，可直接输入各类判断标准的星级评级。然而，这种模式有两大挑战（Silberman 和 Irani，2016）。首先，拥有电子邮箱的任何人都可以创建一个账号。由此造成动机不纯的平台运营商指使劳动者在网站上留下积极的评价，正如动机不纯的任务发布者指使劳动者在 Turkopticon 平台留下积极的评语那样。由于这种情况对评级的信誉构成了威胁，导致开发出目前的数据收集模式；据此模式，直接通过众包工作平台招募劳动者参加问卷调查。这样可降低非平台劳动者回答调查问卷，或者一名劳动者多次回答调查问卷的可能性。

其次，人们对于什么是好的众包工作条件，尚未达成广泛共识。因此，让劳动者对此提供数字评级会引起困惑。某位劳动者可能将每小时 1 欧元的工资描述为“5 星”工资（即值得做出最高数字评级的工资），而另一名劳动者可能将此工资评为最低等级的工资。数字评级的模糊性导致开发了目前的模式；据此模式，要求劳动者就其经历回答具体的问题，将问题回答转换为前面提及的数字评级。

同 Turkopticon 一样，FairCrowdWork. org 充当主持人，就平台公平的工作条件与政策决策者、工会会员、平台运营商、研究人员和新闻工作者进行探讨（更深入的探讨可参见 Harmon 和 Silberman，2018）。

6.1.4 众包行为准则及其监督办公室

2015 年，德国软件测试平台 Testbirds 启动了有偿众包的自愿行为准则。[4]在此，“众包行为准则”包括“公平的报酬”“严肃的任务”和“公开和透明的沟通交流”原则。德国三家平台（包括 Testbirds）签订了首版《行为准则》，德国众包协会（Deutscher Crowdsourcing Verband）作为官方支持者参与了准则的签订。2016 年，经平台同意，德国金属行业工会在德国 6 家平台对劳动者开展了问卷调查。在各类议题中，调查问卷让劳动者指出他们认为《行为准则》中哪个原则最重要。大部分问卷应答者指出“公平的报酬”最为重要。根据调查结果，于 2016 年年底发布的第二版《行为准则》进一步细化了“公平的报酬”原则，要求平台运营商应将报酬水平向“当地工资标准”看齐。此时，又有 5 家平台签订了《行为准则》，包括一家总部设在英国的平台。2017 年，德国金属行业工会、签约平台和德国众包协会建立了“监督办公室”，负责实施《行为准则》和解决劳动者与签约平台之间的争议。监督办公室由包含 5 人的理事会组成：1 名劳动者、1 名工会代表、1 名平台雇员、1 名众包协会的代表和 1 名中立的代表。监督办公室通过达成一致的方式解决争议，由德国金属行业工会负责处理行政管理事务。截至 2018 年 4 月，《行为准则》的监督办公室已解决劳动者通过网络表格递交的数十个案件。[5]《行为准则》内容的进一步细化和覆盖其他感兴趣平台的最终扩面目前处于计划中。

6.1.5 促使平台用户提高报酬和改善工作条件的新兴策略

《行为准则》的签约平台对于改善劳动者的经历和保护劳动者权利做出程序上的改进总体持积极的态度，例如，确保劳动者获得工作产品被拒收（即无报酬）或账号关闭的理由，以及确保劳动者有权对这种决定提出质疑。然而，在与微任务平台运营商展开讨论时，似乎很多平台都感觉他们对工资的直接影响力十分有限。微任务平台掌握着国际的——有时遍布全球的——劳动者储备。虽然微任务平台市场肯定不是“完美地具有竞争力的”，但是，微任务平台不可否认彼此之间相互竞争，争夺平台用户。结果，面对潜在的平台用户，平台运营商几乎没有讨价还价的力量，即便目标是为劳动者提高工资：要求较高水平的工资只会导致潜在的平台用户转向另一家平台。

由此，德国金属行业工会正在制定一个新策略：邀请平台用户签订自愿的工资承诺。策略制定目前仍处于初期阶段，然而，策略可以采用多种多样的形式。例如，平台用户可以承诺给劳动者支付至少为劳动者所在地的最低工资（或者在没有最低工资标准的地方，支付满足基本生活水平的工资）。对于运用微任务平台处理大量数据，并受益于将任务发放给低生活成本国家从而节省费用的平台用户，此项策略十分适合。然而，对于其他平台用户，例如招募众包劳动者完成问卷调查，或者参加在线实验的学术研究人员，承诺支付劳动者的平台用户所在地而不是劳动者所在地的最低工资可能更加合适（有关此观点参见 Silberman 等，2018）。可以开发软件工具，让劳动者通过软件寻找签订了工资保证的平台用户发布的任务。这样劳动者就会优先选择和完成这类任务，为平台用户更快地提交更高质量的工作产品，这与第三方网站 Turkopticon 上有良好信誉的 AMT 平台任务发布者可获得较快完成的工作产品的方法十分相似。这种方法为平台用户签订承诺书创造了物质的激励机制。类似于众包行为准则监督办公室开发的程序，监督和争议处理可以由这类程序进行管理。

6.2 改进平台服务条款

正如第二章中所讨论的，平台服务条款通常包括直接影响四个领域工作条件的条款：（1）劳动者账号与配置文件管理；（2）工作产品评估和薪酬；（3）劳动者的隐私、安全和福利；（4）劳动者的合法权利。任何特定的服务条款文件中多项条款规定通常对每一个领域都会产生影响。修订服务条款至关重要，以便条款更加公平，这样才能或多或少地有利于劳动者。

6.2.1 劳动者账号和配置文件管理

账号被拒绝。大多数服务条款文件中包含的一个重要领域涉及创建用户账号。此部分内容包含允许平台以任何理由拒绝用户账号，而不告知用户账号被拒绝的理由，服务条款中使用这种语言并不罕见。与反歧视雇佣法形成鲜明对比的是，服务条款在决定让哪些潜在的劳动者使用平台时，允许平台歧视劳动者。

平台运营商不告知用户他们遭到拒绝的理由会导致劳动者十分沮丧和浪费劳动者的时间。例如，甚至只是像不符合某个资格的要求（如不符合居住地的要求）这样简单的理由，申请书遭到 AMT 平台拒绝的劳动者都不曾收到被拒的清晰理由。这种情况导致劳动者多次不必要地递交不符合资格的申请，这对劳动者和 AMT 平台本身都造成了额外的工作量。[6]对申请书被拒不做出解释还给劳动者支持群体在回答劳动者问题咨询方面造成负担，加剧了针对账户被拒绝的原因和如何增加符合资格的机会的坊间猜测。[7]更加有利于劳动者的服务条款指出，平台运营商应永远为申请书被拒绝的劳动者提供清晰的、可理解的被拒理由。

*账号关闭/删除。*一旦最初接受了劳动者的账号，劳动者就承担着保持符合条件和账户地位的新负担。然而，就像最初的账号通过程序那样，一些平台条款规定，平台运营商可以在任何时候出于任何原因关闭或者删除用户的账号。[8]在账号关闭的情况下，条款通常规定劳动者无权进入平台。其他令人担心的事情，如劳动者对关闭账号提出质疑的权利、劳动者对自己的工作内容和工作记录数据拥有的权利，以及劳动者获得账号中尚未取出的资金的权利，对这些都没有清晰地做出规定。

更加有利于劳动者的服务条款应包括如下规定：

- 只有当违反平台服务条款或其他合同责任时，方可关闭劳动者账号。
- 平台运营商应向账号被关闭的劳动者提供清晰的、可理解的理由。
- 劳动者可获得对关闭账号提出质疑的程序，包括第三方进行评审。
- 在删除账号的情况下，劳动者应获得在其账号中的所有资金。
- 在删除账号的情况下，应给劳动者机会下载和存档一份人与机器易读的工作记录以及所有撰写的内容，如论坛帖子、工作概要及给其他平台用户发送的信息。

*劳动者创作的内容。*在线平台上的劳动者为平台网站撰写各类内容，如工作概要信息和论坛帖子。平台条款通常包含平台要为此类信息负责的规定。在有利于劳动者的服务条款文件中，平台会承诺为那些内容（例如，工作概要信息、论坛稿件等）被删除的劳动者提供清晰的、可理解的删除理由。

6.2.2　工作产品评估和薪酬

虽然在平台服务条款中极少详细阐述平台劳动者整体评估和薪酬体系，但是有时会提及评估体系、费用构架概述、工作评估与劳动者报酬的时间表。服务条款还规定劳动者是否拥有追索权，对无报酬或差评估提出质疑，以及是否允许平台用户直截了当地拒收劳动者的工作产品。

服务条款通常包含与工作评估和薪酬有关的 5 个领域的规定：(1) 费用构架；(2) 提款通知；(3) 任务审核与薪酬支付；(4) 工作产品被拒收与无报酬；(5) 劳动者与平台用户的评估。

前面第二章讨论了有关的商业模式，大多数平台的费用构架基于按百分数计算向平台用户收取费用，平台用户在对完成任务的劳动者支付报酬的同时，为平台服务商支付费用。然而，服务条款还包含有关向劳动者收取费用的详细说明，例如，如果平台使用了支付服务提供商，比如通过 PayPal 向劳动者支付报酬，平台会向劳动者收取手续费。涉及要求支付劳动者费用的其他条款还阐述支付劳动者报酬的频率，劳动者是从平台用户直接获得报酬还是通过平台上的中介账号获得报酬。很多平台规定，当平台用户支付任务报酬时，资金直接打入平台掌握的劳动者账号里。随后，劳动者必须申请支付款项。这些款项通常在一定的频率下支付，有时在支付之前先给一些最低金额。

服务条款通常还就对劳动者提交的工作产品进行评估和将资金转移到其账户上的程序至少阐述一些详细的规定。涉及评估和薪酬的服务条款内容对支付报酬的时间表有一定规定，这部分内容有时十分冗长。在大多数情况下，平台用户要在指定的时间段对递交的工作产品进行审核；在最有利于劳动者的服务条款中，如果平台用户未按时对工作产品进行审核，则默认接受了工作产品。此刻，平台在给劳动者账户打入资金可随时取钱之前通常预留出一些时间。理想的情况是，审核和支付报酬加在一起的时间，即从递交工作产品到收到报酬的时间应不超过 14 天，但是，这种情况比较罕见。更常见的情况是，平台留出 7 天或更多天供平台用户审核工作产品，随后通常再留出 30 天由平台用户给劳动者账户打入资金。

在递交的工作产品不被平台用户接收的情况下，服务条款通常还阐述有关工作产品被拒收和不支付报酬的规定。这方面通常是容易出问题的，可能会导致平台用户一方滥用相关规定，特别是在平台用户拒收了工作产品而工作产品的所有权已转给平台用户的情况下。这种情况在几家平台十分常见。劳动者通常得不到工作产品被拒收的原因，并且，劳动者对工作产品被拒收提出质疑，虽然并非没有可能，但十分困难。这导致劳动者与平台用户之间显而易见的权利不平衡。友好型的平台应包括如下规定：

- 平台同意确保劳动者能够收到工作产品被拒收的清晰和合理的解释；并且，劳动者可以通过程序对不公平的工作产品被拒收提出质疑，包括进一步升级让第三方审核人员参与。
- 劳动者应至少有一次机会重做被拒收的工作。
- 劳动者应至少有一天的时间重做被拒收的工作。

如果上述三点有例外的情况（例如，在项目时间紧迫的情况下），应该制定针对特定任务的单独条款，并清晰地标注在任务说明中。

服务条款中有时令人担心的规定是平台用户可以提早终止任务。理想的情况是，平台用户条款应规定，要求平台用户审核（并酌情支付）劳动者提交的所有工作产品，即便任务在完成之前被取消。例如，想象一下这种情况，平台用户在平台上发布了 10 万张照片，要求以某种方式对照片做标记。过一段时间后，劳动者已动手标记了 1 万张照片，但是平台用户意识到他们发布了错误的照片并取消了剩余的任务。在这种情况下，对于平台用户发现错误之前劳动者已完成的任务，平台用户有责任支付报酬。

劳动者和平台用户的评估/评级。对劳动者的评估通常与支付给劳动者的报酬挂钩，因此在条款文件中应至少在某种程度上对此做出相关规定。有些条款文件引用了平台还可能以惩罚性的方式使用劳动者评级的案例情况。虽然将评估结果计算出平均值或按照比例计算出总评级是可以接受的，但是，由于某一个环节的问题，如某件任务延迟了或未全部完成，造成劳动者的评级被“重新设置”为零时，这种计算方法对劳动者来讲是有问题的。[9]另外，负面的评估，像工作产品被拒收，应同时伴随被拒收的解释和理由；并且，服务条款应规定劳动者对负面或不公平的评估提出质疑的清晰程序。

与此相比，条款文件通常缺失对平台用户进行评估或评级的规定。理想的情况是，对平台用户的评级应是平台条款的一个组成部分，应采用劳动者评级的相同方法。劳动者在平台上的工作记录，包括劳动者完成的任务和工作接受率，平台用户通常都可获得；同样，当劳动者挑选和接受任务时，平台用户的工作记录，包括报酬支付和不支付的信息，也应该让劳动者获得。目前，劳动者需要诉诸其他渠道，如论坛或外部网站 Turkopticon，才能了解平台用户的素质情况。理想的情况是，应在条款文件中提早看到针对平台用户的评级，并直接在平台上开展评级。这有助于缓解当前平台用户与劳动者之间的权利不对等。

6.2.3 劳动者的隐私、安全和福祉

骚扰和行为准则。在劳动者、平台运营商和平台用户互动的背景下，用户之间有可能以个人私下信息或论坛发布的形式进行沟通；还可以采用平台用户创建的交流媒体的形式，沟通内容包括劳动者个人简历、平台用户概况和平台上经常问的一些问题。

最有利于劳动者的服务条款至少在某种程度应对用户之间的沟通与互动做出规定。例如，CrowdFlower 平台将“使用条款”纳入《行为准则》中作为准则的一个组成部分，条款对所有用户的行为包括劳动者与平台用户的行为提出了 6 项要求。[10]要求用户在互动时尊重他人，使用文明的语言，避免使用让人感觉不舒服的语言或图像，与他人进行交流时要诚实，要避免对年龄、性别或种族的偏见与歧视，以及不要骚扰别人。

对心理有潜在伤害的任务。很多微任务平台被用于开展内容审核的任务（见专栏 5.1）。根据工作的性质，这类任务极有可能包含令人感觉不舒服的和对心理造成潜在伤害的内容。尽管大多数平台条款一般都禁止淫秽的内容，但是在内容审核情况下，如何处理例外情况，平台应该有具体的规定。尽管一些平台要求平台用户对有潜在伤害的或者淫秽内容的所有任务做出标记，但是平台用户不能一直认真恰当地这样做；另外，使用平台的不同平台用户在具体的标记方面存在差异，这对劳动者清晰地识别有这类内容

的任务也是一个挑战。例如，AMT 平台 4 项“一般的政策”中的其中一项是：

我可以创建一个工单，里面可能包含公开显露的、令人感觉不舒服的内容吗？

如果您的工单包括公开显露的、令人感觉不舒服的内容，如裸体像，请确保做以下几件事：

（i）在您的工单名称中加入下列句子：“（警告：本工单可能包含成人的内容，建议劳动者谨慎处理。）”

（ii）要求劳动者拥有成人内容资格证书，以便从事您的工单。资格条件包括要求劳动者承认他们超过 18 岁，并且同意开展涉及有可能令人感觉不舒服内容的任务。您可以在任务发布者网站上的设计步骤中或借助开发工具来确定资格条件。

（iii）要求劳动者具有成人内容资格证书，以便在任务发布者网站上的设计步骤中或借助开发工具通过对“有条件的预览”一栏打钩来预览工单。[11]

其他平台没有这方面的说明，而是完全取决于劳动者和平台用户的自行处理（或不处理）。有利于劳动者的服务条款会包含考虑劳动者在做这类工作过程中可能承担的心理负担的规定，包含平台雇员（不是平台用户或劳动者）将审核并清晰地标记任何可能令人感觉不舒服的内容的规定。条款还会包括让从事内容审核的劳动者获得由平台用户或平台支付的咨询服务费用的规定。

6.2.4 劳动者的合法权利

几乎所有众包工作服务条款都包含劳动者为自己是自雇就业人员或者是“独立承包商”做证的规定。[12]给劳动者赋予这种称号十分重要，因为很多劳工权利都与雇佣状况挂钩。

尽管劳动者与平台或平台用户不存在雇佣关系，但是很多服务条款还是施加了与自雇就业不相符的对劳动者自主权的约束。例如，CrowdFlower 平台条款规定，劳动者不得使用 bots、scripts、AI，或者“在其他方面，不得企图在未按照要求完成任务的情况下从 CrowdFlower 平台获得报酬”。与此同时，CrowdFlower 平台条款还表明劳动者是自雇就业人员。如果劳动者确实是自雇就业人员，劳动者就应该能够选择以任何方式使用他们认为合适的任何工具（包括 automation、scripts 和 scraping）来完成任务。另外，不应禁止自雇就业人员将工作分包出去，也不应对拒绝任务的劳动者进行惩罚，因为他们拥有在无惩罚的情况下选择在何时工作和开展何种任务的全面自由。

总体上，大多数服务条款规定，劳动者一旦将工作产品递交给平台或者收到平台用户的报酬后，其工作产品中的所有知识产权将转交给平台。正如前面所提及的，这会导致平台用户“拒收”正确的工作产品的情况，由此平台用户拒绝支付报酬但仍获得了他们想要的工作产品。有利于劳动者的条款会规定，劳动者至少在获得报酬之前保留拥有工作产品的权利。

仲裁条款和对于标准法律权利的其他限制。最后一个令人关切的问题是一系列常见的法律权利的放弃，包括有助于仲裁的审判权放弃以及提出集体诉讼案件权利放弃。放弃这两种权利限制了劳动者在合理的情况下向平台提出索赔要求。

6.3　我们能做些什么？更加公平的微型任务的 18 条准则

本报告让人们关注微型任务平台劳动者面临的很多挑战。尽管劳动者为很多非常成功的企业开展重要的工作，但是所得报酬通常低于最低工资；他们必须设法应对不可预见的收入来源，而且他们在无标准的劳动保护的雇佣关系状况下开展工作。所有这些对劳动者产生的负面影响都不是众包工作概念本身所固有的，尤其不是微型任务工作本身所固有的；相反，应重新制定微型任务工作条款，改善劳动者的劳动条件。本节聚焦更加公平的微型任务工作平台的 18 条准则。[13]

1. **雇佣状况：如果劳动者是雇员，就不应将其错误地归类为自雇就业人员**。大多数平台劳动者被要求“同意”他们是自雇就业人员，或“独立的承包商”，而不是雇员。一些平台控制着劳动者的工作时间和工作地点，劳动者若拒绝工作，平台就惩罚他们。而且，平台还制定不可协商的价格和质量标准。这些平台上的劳动者实际上是平台的雇员。然而，迄今为止，法庭只考虑了为数不多的这类案件，大多数案件在庭外和解。[14]需要构建一个更加积极的、富有活力的系统，以便有助于审视具体做法，有助于实施就业分类法。

在很多方面，第 1 条准则是最重要的，也是最急迫的。承认劳动者的雇员地位可自动赋予劳动者一些待遇和权利。

2. **劳动者应拥有法律渠道，通过工会、集体谈判以及在拥有工作委员会和共同决定权构架的国家让平台运营商了解劳动者的需求和愿望**。国际劳工组织于 1998 年通过的《工作中基本原则和权利宣言》促使国际劳工组织 187 个成员国借助于国际劳工组织成员资格，致力于尊重、促进和实现四个领域的原则和权利，包括结社自由和有效承认集体谈判的权利。宣言清晰地指出，这些权利具有普遍性，适用于所有国家中的所有人，无论经济发展处于何种水平。[15]另外，权利不应“基于某种雇佣关系状况，因为这种雇佣关系通常是不存在的”，例如，自雇就业人员的情况（ILO，2006）。[16]

无论众包劳动者是归类为雇员还是自雇的“独立的”劳动者，众包劳动者应有结社自由和集体谈判的权利。当前的竞争法在某些管辖区禁止自雇的平台劳动者组织起来，禁止劳动者与平台运营商协商集体协议，不应以此为理由阻止平台劳动者组织起来，应修改竞争法。

3. **工资：对于作为雇员的微型任务劳动者，必须执行雇员所在地规定的最低工资标准**。作为雇员的微型任务劳动者应至少获得劳动者所在地 1.5 倍的最低工资。应根据既定的标准计算每件工作任务的工资水平。[17]对于已被雇用的劳动者，工资水平必须符合劳动者所在地最低工资的规定。其他理想的工资标准包括：(1) 当地维持基本生活的工资；(2) 从事与签订集体协议雇员相似工作的劳动者所挣的当地中位数工资。对于自雇就业人员，工资必须要高一些。因为这些劳动者有额外的支出，包括：购买个人设备（例如，互联网连接、计算机等）、税务管理费、当地企业注册费、自雇税费，以及通常与就业相关的津贴支付（例如，医疗保险缴费、养老金、病假）。微型任务劳动者的工作状况不稳定，他们没有任何保障，必须用额外的时间持续不断地找（新）工作。因此，他们的工资平均数应至少达到劳动者所在地最低工资标准的 1.5 倍。其他理想的工资标准包括：(1) 1.5 倍的维持当地基本生活的工资；(2) 从事与签订集体协议雇员相似工作的劳动者挣得的当地中位数工资的 1.5 倍的工资。

4. **薪酬和费用的透明度：平台用户应以实际货币的形式将客户支付的全部资金支付给劳动者**。应以透明的方式对平台用户的所有费用进行评估。国际劳工组织《1997 年私营就业机构公约》（第 181 号）指出，“私营就业机构不得直接或间接地，全部或部分地，向劳动者收取任何费用或成本”。虽然，目前未认定众包工作平台是私营就业机构，但劳动者不应为了工作而支付费用的原则是国际劳工组织由来已久的原则。[18]以在线平台为例，不得向劳动者收取任何费用，而且劳动者应获得平台用户代表劳动者从客户所得的全部金额。平台不应以不透明的方式对劳动者的工资按一定比例提成。工资应是真正的货币，不能采用“点数”、礼品卡或其他非法定“货币”的形式。

5. **灵活性：劳动者若拒绝接受提供给他们的某些任务，或者拒绝在某段时间工作，不应受到平台用户的惩罚**。灵活性通常是平台工作的一项承诺，然而在实际中，劳动者的境况却极少体现出灵活性。如果劳动者是自雇就业人员，那么在何时开展工作和从事何种任务方面，必须给予他们真正的选择权。

6. **在任务或平台出现技术问题的情况下，不应让劳动者对损失的时间或工作付出代价**。平台应有针对技术问题的报告程序，当发生这类情况时，平台应有是否向劳动者损失的时间支付报酬的清晰原则。虽然这并不表明平台要为服务器停止运行支付费用。然而，当劳动者已经接受并着手开展任务，由于技术问题或故障使工作受损，而任务发布者/平台用户或平台运营商原本能够合理地预见并预防这些问题时，那么有责任的一方应为劳动者损失的时间支付费用（不一定是发布的任务的全部报酬）。这些技术问题包括递交任务时按钮失灵、设立外部申请表（如调查问卷）的平台用户在劳动者申请完毕后没有正确地返给劳动者确认代码，以及任务发布者可以相对容易检测出的其他“工作流程”问题。由于未预料的平台停止运营造成的工作损失应是平台运营商的责任；如果平台运营商向第三方支付了费用（通常支付），当服务器出问题，根据服务，应由第三方支付费用。[19]

7. **不支付报酬：应有严格的规定对不支付报酬（如果允许不支付）的情况加以管理**。如果平台用户对完成的工作产品拒绝支付报酬，应要求平台用户依法阐明，他们将不使用此件工作产品，而且，还要解释工作产品不可使用的原因。劳动者应有权对不支付报酬提出质疑；平台雇员应对这类质疑进行审核。如果平台用户和劳动者都不接受审查结果，应由平台用户、劳动者和平台共同挑选的中立的第三方做出最终的和有约束力的裁定。

8. **合同条款：平台条款——包括报酬、工作评估和争议处理条款——应以易读的、清晰和简要的形式呈现**。与“知识共享机构（Creative Commons）”开发的“易读的”知识产权许可版本相似，平台应为劳动者提供易读的平台服务条款。平台运营商应负责保持易读的条款概要为最新的版本。任务说明中规定的具体任务的附加合同条款也应预先和清晰地加以阐述。这些条款应包括任务报酬、平台用户同意对任务进行审核和支付报酬的时间，以及平台或具体任务在何种情况下将发生不支付报酬的情况。

9. **劳动者评级：对劳动者的评估和评级不应基于对劳动者提交的产品不支付报酬的情况，平台用户应为劳动者提供为其做出的任何负面评价的原因**。如果允许对产品不支付报酬，无论是支付报酬还是不支付均不得用于测量劳动者的素质。我们不能假想只有当工作产品不可用的时候，平台用户才拒绝支付工作报酬；平台用户会实施有瑕疵的质量控制程序，有时作为降低成本的一项策略，平台用户会拒绝支付报酬。由于平台用户不支付报酬不一定表明对工作产品不满意，因此平台不应让平台用户根据其（未）支付报酬的情况对劳动者进行筛选。应将测量工作产品质量和劳动者素质与支付工作报酬的情况脱钩，以减少错误的或恶意的不支付报酬对劳动者获得任务造成的负面影响。总体上，平台用户应对给予劳动者负面评价提供正当的理由。应将无正当理由的评价从劳动者的评估记录中删除。

一些研究人员对于更公平的评价采取了一个创新方法，激励平台用户通过被称为“职场回头客”的信誉体系对劳动者做出评价（Stanford Crowd Research Collective，2016）。当平台用户运用这一体系对劳动者做出高度评价时，劳动者未来更有可能从该平台用户得到任务。与此相比，当平台用户给劳动者的评价较差时，劳动者未来开展该平台用户任务的可能性较小。这种方法的理念是如果平台用户对某个劳动者做出负面评价，而这种评价会在未来影响平台用户使用该劳动者时，平台用户会更加精准地为劳动者做出评价。

10. **行为准则：在缺少集体谈判协议的情况下，平台应为平台成员制定清晰的行为准则，包括制定劳动者可提出关切的公开程序，以及平台可展示行为准则的实施情况**。国际劳工组织《有关跨国企业和社会政策原则的三方宣言（MNE Declaration）》（2017年第五版）为（跨国的和本国的）企业在社会政策和包容性的、负责任的和可持续的工作场所实践方面提供了直接指导，对于制定行为准则十分有助。平台行为准则应清楚地表明，禁止骚扰或其他非专业的行为。应制定用户报告违反行为准则情况的清晰程序；并且，被报告违反了行为准则的用户同样也应有捍卫自己不受诽谤的清晰程序。最后，平台还必须持续跟踪吊销或终止多次违规人员账号的情况。虽然开展审查工作十分艰难，但很重要。

11. **劳动者提出质疑：劳动者应能够对不支付报酬、负面的评估、不被接受的资格测试结果、违反行为准则的指控和账号被关闭提出质疑**。在某些情况下，平台雇员可以对质疑情况进行审核；在其他一些情况下，平台雇员会面临利益冲突，在这种情况下，可以邀请外部调解员。平台应与民间社会合作伙伴（如工会）以及与政府一道为外部调解员支付报酬。根据外部评审结果，如果劳动者账户注销被推翻，不允许平台运营商（甚至间接地）惩罚劳动者。

12. **平台用户评级和任务记录：劳动者应有对平台用户做出评价的渠道**。如果客户不支付报酬得到许可，应让劳动者清晰了解客户不支付的报酬金额。劳动者应能获得平台用户的任务记录以及其他劳动者对该平台用户的评价。

13. **任务说明：平台应在发布任务之前对任务说明进行审查**。这样可减少任务说明不清晰造成对工作产品不满意和不支付报酬的概率。对于人工审查任务的平台运营商可在使用原型任务正式发布任务说明之前，运用平台的自动化管理方法（Stanford Crowd Research Collective，2015）。根据这种方法，在给一般大众发布原型任务和任务说明之前，可以先向少量的劳动者试点群体发布。通过对试点群体完成任务的结果进行验证，如果从试点中获得的很多反馈意见都认为任务说明是不可接受的，平台可以要求平台用户重新审查任务设计或任务说明，以便减少出现不适当的任务说明的频率。

14. **工作记录：劳动者应能在任何时候浏览和输出一套完整的人和机器易读的工作与信誉记录**。劳动者需要获得自己的任务记录，包括报酬支付信息，以便缴纳税费。劳动者还需要得到任务与信誉记录，以便能书写个人简历。

15. **劳动者应拥有将平台上建立的用户关系带走，脱离平台的权利**。尽管这项权利与本文讨论的微型任务平台关系不大，但是，在诸如 Upwork 或 Jovoto 这类平台，劳动者在平台上找到的工作属于自由职业，他们应拥有将平台上建立的用户关系脱离平台的权利。平台需要保护自身的收入来源，这一点可以理解，但是，当平台服务条款发生变化时，劳动者应能够将平台上建立的用户关系带走。理想的情况是，当劳动者或用户认为平台不能为其提供有益的服务时，应有清晰的政策，规定他们可以脱离平台的公平的、合理的条件。例如，可以规定，在劳动者与平台签订的第一个合同期内，加上合同结束后的 90 天期间，禁止劳动者将平台上建立的用户关系脱离平台；随后，应允许劳动者将平台上建立的用户关系脱离平台，无需交纳任何费用。还可以制定政策，要求劳动者向平台交纳一定的费用，具体数额为不超过劳动者在过去 6 个月期间从某个用户获得的平均周工资的 10%。

16. **平台用户和平台运营商应对劳动者的来信及时、有礼貌地做出实质性的回答。**然而，对于异常固执或不可理喻的劳动者提出的请求，平台用户和平台运营商成功答复的能力有限。因此，理想的情况是，应设计透明的程序，各方同意在某一特定时间，就某一特定的议题，在不超过规定的次数内，回答来自某一特定人员的问题。如果提问的一方认为回答不恰当，中立的第三方可做出具有约束力的裁决。

17. **劳动者应该知道他们所服务的客户是谁，他们工作的目的是什么。**如果这些属于保密信息，平台运营商在征得客户同意后才能向劳动者透露相关信息。

18. **平台运营商应以标准的方式清晰地标记那些对心理造成压力或有伤害的任务（例如，审查带有仇恨的言论、暴力或裸照的社交媒体的内容）。**不要相信平台用户或任务发布者对内容做出了恰当的标记，平台应承担最终的责任。完成这类任务的劳动者应获得咨询服务或援助，由平台用户和/或平台支付咨询费用。

6.4　调整社会保护机制，覆盖众包工作的 3 条附加准则

加大对劳动者社会保护力度的政策可对更公平的微型任务的 18 条准则做出进一步的补充。需要调整现有的社会保护制度，以适应特定形势和众包劳动者的特殊需求，目的是让所有人获得社会保障的权利。国际劳工组织的研究显示，现有的社会保护制度具有应对新挑战的能力。无论是发达国家还是发展中国家，政策创新都能在具体实施过程中提供经验教训（ILO，2016b，2017）。

1. **调整社会保护机制，覆盖处于所有雇佣形式的劳动者，无论劳动者持有何种类型的合同。**虽然一些众包劳动者的法律地位不清晰，但是，他们目前主要被归类为自雇就业人员。已经采取的促进社会保护制度覆盖自雇就业人员和其他雇佣计划（例如，临时被雇佣）的政策，对于如何将众包劳动者纳入社会保护制度十分有益。需要修订和完善

法律框架，以便覆盖自雇就业人员，修订法律要与澄清雇佣关系性质的政策，以及阐述平台、任务发布者和劳动者各自权利与责任的政策协调一致。[20]另外，降低或消除符合社保制度企业规模、工时或收入的最低门槛，有助于扩大社保覆盖面。

德国的最新发展情况显示，工会可以鼓励政府采取适当的政策措施，覆盖自雇就业人员，包括众包劳动者。经德国金属行业工会的数年游说，2018 年，德国“大联合”政府决定，作为一项政策目标，将所有自雇就业人员纳入法定的养老金计划中，并且将自雇就业人员的法定医疗保险最低缴费减少大约 50%。

2. **运用技术手段来简化缴费与待遇支付的程序**。简化和理顺行政与财务方面的要求和流程有助于促进覆盖众包劳动者。这方面的实例包括，实施简化的税收和缴费支付机制；[21]促进实施电子方式的注册登记、咨询协商和缴费支付的机制；实施更加灵活的缴费征收计划，可采用费率固定的缴费方法，或采用宽泛的缴费方法；[22]开发应对复杂的或不清晰的雇佣关系的机制，例如，实施可替代的其他融资计划。[23]另外，还需要覆盖雇佣关系中拥有多名雇主的劳动者的机制，需要确保权利和待遇可衔接的有效机制。有关众包劳动者的一个重要问题是，需要澄清可适用的法律制度，以便当平台、任务发布者和劳动者处于不同的国家，在实施跨境计划的情况下，确保劳动者被有效覆盖。

3. **构建和加强税收融资的机制**。应在加强社会保护税收融资机制方面给予更多的关注，以确保全体人员至少享有基本的保护水平——社会保护底线（ILO，2017）。很多国家正在加强社会保护制度的税收融资机制，如税收融资的养老金或全覆盖的儿童津贴，以确保所有人至少得到基本的保护。另外，一项更加激进的政策是全民覆盖的基本收入政策，这是目前处于激烈辩论的议题。在津贴的充足性、融资条件和财务的承受能力以及再分配公正性等方面，都还存在严重的问题。在全球化经济和税收竞争的背景下，更多地依赖税收融资需要政府动员必要的资源；因此，有必要实施和加强有效的税收体系，确保获得充足的税收，以公平的和可持续的方式为各类津贴提供资金来源。

注释：

1 参见 http://guidelines.wearedynamo.org。

2 参见 http://wiki.wearedynamo.org/index.php?title=Basics_of_how_to_be_a_good_requester。

3 参见 http://faircrowd.work/platform-reviews/platform- review-information/; for additional detail see Harmon and Silberman, 2018。

4 参见 http://crowdsourcing-code.com。

5 参见 http://ombudsstelle.crowdwork-igmetall.de。

6 在 reddit 网站 AMT 用户论坛发的布告中，某劳动者询问自己的申请被多次拒绝的原因，其他劳动者的解释是因为他不是美国公民，使用平台的简单要求请见 https://www.reddit.com/r/mturk/comments/2cla0o/mturk_keeps_rejecting_my_account_application/ [2017 年 8 月 28 日]。

7 在 reddit 网站 AMT 劳动者论坛中的线索，用户据此推测，先为亚马逊支付一笔额外的无关的服务费(Amazon Prime)有可能是一个方法，以增加允许通过 AMT 开展工作的机会，见 https://www.reddit.com/r/mturk/comments/6i46oe/getting_accepted_into_mechanical_turk/ [2017 年 8 月 28 日]。

8 CrowdFlower 平台总服务条款第 11 节，“违反服务条款”，CrowdFlower 平台在任何时间，由于任何原因，保留“吊销、限制或取消访问 CrowdFlower 网站”的权利，2015 年 11 月 13 日的版本。见 https://www.crowdflower.com/legal/[2017 年 8 月 28 日]。

9 MyLittleJob 平台服务条款第 3.6 节：“如果学生在平台用户规定的时间内未完成任务，并且，未就任务未完成的情况通知平台用户，如果他或她已取得较高的质量水平，那么，他或她的质量水平将被自动下降至‘1 星’”(https://www.mylittlejob.com/Student-Terms-of-Service/ [2017 年 7 月 10 日])。在本报告详细研究的平台中，没有一家平台在其条款文件中有相关的规定。然而，CrowdFlower 平台在帮助中心的网页上清晰地阐述了绩效水平评级体系，据此体系，劳动者可获得“徽章”(第 1 级至第 3 级)，以及“旗子”系统，请注意“旗子对您能够获得高效级徽章具有重大的影响”(https://communitysupport.crowdflower.com/ [2018 年 1 月 24 日])。此体系让劳动者感到十分沮丧(参见下面的论坛讨论情况，网址 https://www.neobux.com/forum/?/48/559578/Flag-System/ [2018 年 1 月 24 日])。以相似的风格，AMT 平台的一个特点是允许任务发布者阻止劳动者开展任务。尽管在文件记载中未做清晰的阐述，但是，一定数量的账号限制会导致劳动者的账号被吊销(见第 5.1 节)。

10 参见 https://www.crowdflower.com/legal/code-of- conduct/，最近一次的更新日期是 2014 年 2 月 25 日[2018 年 1 月 18 日]。

11 参见 https://www.mturk.com/mturk/help?helpPage=policies [2017 年 10 月 1 日]。虽然未写入主要的《使用条件》，或《参与协议》的文件中(https://www.mturk.com/mturk/conditionsofuse)，但是，假定这些政策被纳入协议中，作为协议的组成部分，按照协议的前言：“本协议包含此文件规定的条款和条件，以及网站上经常出现的所有适合的政策、程序和/或指导原则(本参考资料将全部的‘政策’纳入协议中，并且，作为协议的一个组成部分)”。

12 Prolific 平台未将劳动者归类为自雇就业人员，而将其称为参与者或志愿者，他们领取参与课题研究的“奖金”。

13 此节内容经改编和扩展 Silberman 的“更加公平的零工经济的 15 条原则”(2017)成为针对微型任务的版本。

14 对于美国最新 4 个案例的综述请参见 Cherry (2016a)。

15 唯一的例外情况是警察和军队被排除在外。

16 还可参见 paras. 255, 258, 259, pp. 52~53。

17 例如,在英国,计件工作遵从基于时间的最低工资法律,需要增加一些计算,算出“公平的费率”:“如果劳动者的工作按平均费率支付报酬,公平的费率就是允许支付给普通劳动者的小时最低工资”(https://www.gov.uk/minimum-wage-different-types-work/paid-per-task-or-piece-of-work-done。[2017 年 10 月 1 日])。

18 《1949 年收费就业机构公约》(修订版)(第 96 号)也强调了不应向劳动者收取费用。

19 如果是由平台编码库中申请层面的问题造成的,那么平台运营商应对此负责(因为他们应该拥有开发和检验程序,捕捉到这类错误或至少应激励他们在此方向做出努力)。

20 《2006 年国际劳工组织雇佣关系建议书》(第 198 号)在此方面提供了重要的指导原则。

21 例如,乌拉圭已实施应用程序,要求社会保护制度强制覆盖所有司机,包括在 Uber 和其他平台运行的司机,由此积累了针对自雇就业人员和微企业简化税收和征收缴费的经验(monotributo)(BPS Uruguay, 2017)。

22 这些措施已在一些国家实施,为了扩大覆盖面,覆盖那些未覆盖的劳动者,这些国家包括巴西、佛得角、哥斯达黎加和泰国(ILO,即将出版)。

23 这类机制可运用印度和德国的经验(ILO, 2016b)。印度的劳动者福利基金会通过要求建筑项目主承包商为基金会缴纳 1%的建筑项目总价,提供了确保社会保护覆盖建筑业劳动者的机制。此机制确保覆盖从事临时工作和分包项目的所有劳动者。德国艺术家社会保险机构(Künstlersozialversicherung)通过(非个性化的)全球范围的缴费,覆盖表演艺术家和公关人员,由承包的“雇主”按照合同总价为这些人员缴费。

参考文献

Adams, A.; Berg, J. 2017. *When home affects pay: An analysis of the gender pay gap among crowdworkers*. Available at: https://ssrn.com/abstract=3048711; doi: 10.2139/ssrn.3048711.

Alba, D. 2017. "The hidden laborers training AI to keep ads off hateful YouTube videos", in Wired, 21 Apr. Available at: https://bit.ly/2oy5qTl.

Al Jazeera. 2017. *Scrubbing the net: The content moderators*. Available at: http://www.aljazeera.com/programmes/listeningpost/2017/05/scrubbing-net-content-moderators-170527124251892.html [7 Dec. 2017].

Amsden, A. 1989. *Asia's next giant: South Korea and late industrialization* (New York and Oxford: Oxford University Press).

Anxo, D.; Mencarini, L.; Pailhé, A.; Solaz, A.; Tanturri, M. L.; Flood, L. 2011. "Gender differences in time use over the life course in France, Italy, Sweden and the US", in *Feminist Economics*, Vol. 17, No. 3, pp. 159–195.

Agrawal, A.; Horton, J.; Lacetera, N.; Lyons, E. 2013. *Digitization and the contract labor market: A research agenda*, NBER Working Paper No. 19525 (Cambridge, MA, National Bureau of Economic Research).

Beerepoot, N.; Lambregts, B. 2015. "Competition in online job marketplaces: Towards a global labour market for outsourcing services", in *Global Networks*, Vol. 15, No.2, pp. 236–255.

Berg, J. 2016. "Income security in the on-demand economy: Findings and policy lessons from a survey of crowdworkers", in *Comparative Labor Law and Policy Journal*, Vol. 37, No. 3, pp. 543–576.

Benson, A.; Sojourner, A.; Umyarov, A. 2015. Can reputation discipline the gig economy? *Experimental evidence from an online labor market*, IZA Discussion Paper No. 9501 (Bonn, Institute for the Study of Labor). Available at: http://ftp.iza.org/dp9501.pdf.

Bergvall-Kareborn, B.; Howcroft, D. 2014. "Amazon Mechanical Turk and the commodification of labour", in *New Technology, Work and Employment*, Vol. 29, No. 3, pp. 213–223.

BPS Uruguay. 2017. *Formalizing enterprises and workers in the shared economy (transporting passengers using mobile phone applications: UBER, Cabify, EasyGo): A case of the social insurance bank, food practices in social security*

(Geneva, International Social Security Association).

Brown, P.; Lauder, H.; Ashton, D. 2008. "Education, globalisation and the future of the knowledge economy", in *European Educational Research Journal*, Vol. 7, No. 2, pp. 131–56; doi: 10.2304/eerj.2008.7.2.131.

Chen, A. 2014. "The laborers who keep dick pics and beheadings out of your Facebook feed", in Wired, 23 Oct. Available at: https://www.wired.com/2014/10/content-moderation/ [7 Dec. 2017].

—. 2017. "The human toll of protecting the internet from the worst of humanity", in *New Yorker*, 28 Jan. Available at: https://www.newyorker.com/tech/elements/the-human-toll-of-protecting-the-internet-from-the-worst-of-humanity [7 Dec. 2017].

Cheng, J.; Teevan, J.; Iqbal, S.T.; Bernstein, M.S. 2015. *Break it down: A comparison of macro- and micro-tasks*, Proceedings of the 33rd Annual Association for Computing Machinery (ACM) Conference on Human Factors in Computing Systems (CHI), Seoul, 18–23 Apr., pp. 4061–4064.

Cherry, M.A. 2014. "A eulogy for the EULA", in *Duquesne Law Review*, Vol.52, No.2, pp. 335–344.

—. 2016a. "Beyond misclassification: The digital transformation of work", in *Comparative Labor Law and Policy Journal*, Vol. 37, No. 3, pp. 544–577.

—. 2016b. "Virtual work and invisible labor" in M. Carin, W.R. Oister and M.A. Cherry (eds): *Invisible labor: Hidden work in the contemporary world* (Oakland, CA: University of California Press); pp.71–86.

Choi, H.; Lee, K.; Webb, S. 2016. *Detecting malicious campaigns in crowdsourcing platforms*, paper presented at the IEEE/ACM International Conference on Advances in Social Networks Analysis and Mining (ASONAM), San Francisco, 18–21 Aug.

Choudary, S.P. 2018. "The architecture of digital labour platforms: Policy recommendations on platform design for worker well-being," ILO Future of Work Working Paper Series.

Cimoli, M.; Dosi, G.; Stiglitz, J.E. (eds). 2009. *Industrial policy and development: The political economy of capabilities accumulation* (Oxford, New York: Oxford University Press).

D'Costa, A. 2011. "Geography, uneven development and distributive justice: The political economy of IT growth in India", in *Cambridge Journal of Regions, Economy and Society*, Vol. 4, No. 2, pp. 237–251, doi: 10.1093/cjres/rsr003.

Davies, A. 2017. "Nissan's path to self-driving cars? Humans in call centers", in *Wired*, 5 Jan. Available at: https://bit.ly/2j9KyPU.

De Stefano, V. 2016. *The rise of the "just-in-time workforce": On-demand work, crowdwork and labour protection in the "gig-economy"*, Conditions of Work and

Employment Series No. 71 (Geneva, ILO).

Drahokoupil, J.; Piasna, A. 2017. "Work in the platform economy: Beyond lower transaction costs", in *Intereconomics*, Vol. 52, No. 6, pp. 335–340.

Ekbia, H.R.; Nardi, B.A. 2017. *Heteromation, and other stories of computing and capitalism* (Cambridge, MA, MIT Press).

Felstiner, A. 2011. "Working the crowd: Employment and labour law in the crowdsourcing industry", in *Berkeley Journal of Employment and Labour Law*, Vol. 32, No. 1, pp. 143–204.

Gaikwad, S.N.S., et al. 2017. "The Daemo Crowdsourcing Marketplace", in Companion of the 2017 ACM Conference on Computer Supported Cooperative Work and Social Computing, Portland, OR, Feb. 25–Mar. 1, pp.1–4; doi: /10.1145/3022198.3023270.

Gadiraju, U.; Kawase, R.; Dietze, S. 2014. *A taxonomy of micro tasks on the web*, Proceedings of the 25th Association for Computing Machinery (ACM) Conference on Hypertext and Social Media, Santiago, 1–4 Sep., pp. 218–223.

Glaser, A. 2018. "Want a terrible job? Facebook or Google may be hiring", in Slate, 18 Jan. Available at: https://slate.com/technology/2018/01/facebook-and-google-are-building-an-army-of-content-moderators-for-2018.html.

Goodman, B. 1999. "Honey, I shrink-wrapped the consumer: The shrink-wrap agreement as an adhesion contract", in *Cardozo Law Review*, Vol. 21, No. 1, pp. 319–360.

Graham, M.; Hjorth, I.; Lehdonvirta, V. 2017. "Digital labour and development: Impacts of global digital labour platforms and the gig economy on worker livelihoods", in *Transfer,* Vol. 23, No. 2, pp. 135–162.

Greenhouse, S. 2012. "A part-time life, as hours shrink and shift", in *The New York Times*, 28 Oct.

Hara, K.; Adams, A.; Milland, K.; Savage, S.; Callison-Burch, C.; Bigham, J.P. 2018. *A data-driven analysis of workers' earning on Amazon Mechanical Turk*, paper presented at the Association for Computing Machinery (ACM) Conference on Human Factors in Computing Systems (CHI), Montreal, 21–26 Apr.

Harmon, E.; Silberman, M.S. 2018. "Rating working conditions on digital labor platforms", in T. Ludwig et al. (eds) Special Issue on Crowd Dynamics: Conflicts, Contradictions, and Cooperation Issues in Crowdsourcing, *Journal of Computer Supported Cooperative Work*; doi: 10.1007/s10606-018-9313-5.

Hirth, M.; Hossfeld, T.; Tran-Gia, P. 2011. *Anatomy of a crowdsourcing platform – using the example of microworkers.com*, paper presented at the Fifth International Conference on Innovative Mobile and Internet Services in Ubiquitous Computing (IMIS), Seoul, 30 June–2 July.

Howe, J. 2006. "The rise of crowdsourcing," in *Wired*, 1 June. Available at: https://www.wired.com/2006/06/crowds/ [28 Aug. 2017].

International Labour Office (ILO). 2006. *Freedom of association: Digest of decisions and principles of the Freedom of Association Committee of the Governing Body of the ILO*, 5th rev. ed. (Geneva).

—. 2016a. *Women at work: Trends 2016* (Geneva).

—. 2016b. *Non-standard employment around the world: Understanding challenges, shaping prospects* (Geneva).

—. 2017. *World Social Protection Report 2017–19: Universal social protection to achieve the Sustainable Development Goals* (Geneva).

—. 2018. *Care jobs and the care economy: A challenge and an opportunity for the future of decent work* (Geneva).

—. forthcoming. *Extending social security coverage to workers in the informal economy: Lessons from international experience* (Geneva).

Ipeirotis, P. 2010. "Analyzing the Amazon Mechanical Turk marketplace", in *XRDS*, Vol. 17, No. 2, pp. 16–21.

Irani, L. 2015a. "Difference and dependence among digital workers: The case of Amazon Mechanical Turk", in *South Atlantic Quarterly*, Vol. 114, No. 1, pp. 225–234.

Irani, L. 2015b. "Justice for 'Data Janitors'", in: Public Books, 15 Jan. Available at: http://www.publicbooks.org/nonfiction/justice-for-data-janitors.

Irani. L.; Silberman, M.S. 2013. *Turkopticon: Interrupting worker invisibility in Amazon Mechanical Turk*, Proceedings of the SIGCHI Conference on Human Factors in Computing Systems, Paris, 28 Apr.–2 May, pp. 611–620.

Johnston, H.; Land-Kazlauskas, C. 2018. *Organizing on-demand: Representation, voice, and collective bargaining in the gig economy*, Conditions of Work and Employment Series No. 94 (Geneva, ILO).

Kässi, O.; Lehdonvirta, V. 2016. *Online Labour Index: Measuring the online gig economy for policy and research*, paper presented at Internet, Politics & Policy 2016, Oxford, 22–23 Sep. Available at: http://ilabour.oii.ox.ac.uk/online-labour-index/ [10 Nov. 2017].

Kessler, F. 1943. "Contracts of adhesion – some thoughts about freedom of contract", in *Columbia Law Review*, Vol. 43, No. 5, pp. 629–642. Available at: www.jstor.org/stable/1117230 [19 Mar. 2018].

Kim, N.S. 2013. *Wrap contracts: Foundations and ramifications* (Oxford: Oxford University Press).

Kittur, A.; Nickerson, J.V.; Bernstein, M.S.; Gerber, E.M.; Shaw, A.; Zimmerman, J.; Lease, M.; Horton, J.J. 2013. *The future of crowd work*. Proceedings of the CSCW '13 Conference, San Antonio, TX, pp. 1301–1318.

Kuek, S.C.; Paradi-Guilford, C.; Fayomi, T.; Imaizumi, S.; Ipeirotis, P.; Pina, P.; Singh, M. 2015. *The global opportunity in online outsourcing* (Washington, DC, World Bank).

Lee, K.; Kusbit, D.; Metsky, E.; Dabbish, L. 2015. *Working with machines: The impact of algorithmic and data-driven management on human workers*, Proceedings of the Association for Computing Machinery (ACM) Conference on Human Factors in Computing Systems (CHI), Seoul, 18–23 Apr, pp. 1603–1612.

Lee, K.; Webb, S.; Ge, H. 2014. *The dark side of micro-task marketplaces: Characterizing Fiverr and automatically detecting crowdturfing*, Proceedings of the Eighth Interantional AAAI Conference on Weblogs and Social Media, Ann Arbor, MI, 1–4 Jun., pp. 275–284.

Lehdonvirta, V. 2017. *The online gig economy grew 26% over the post year*. Available at: http://ilabour.oii.ox.ac.uk/the-online-gig-economy-grew-26-over-the-post-year/ [10 July 2018].

Maréchal, N. 2017. *Content moderation and corporate accountability: Ranking digital rights at #ATM2017*. Available at: https://atm-ucla2017.net/2017/12 [15 Mar. 2018].

Marshall, C.; Shipman, F.M. 2013. *Experiences surveying the crowd: Reflections on methods, participation, and reliability*, Proceedings of the 5th Annual Association for Computing Machinery (ACM) Web Science Conference (WebSci '13), Paris, 2–4 May, pp. 234–243.

Martin, D.; Hanrahan, B.V.; O'Neill, J.; Gupta, N. 2014. *Being a Turker*, Proceedings of the 17th ACM Conference on Computer Supported Cooperative Work and Social Computing (CSCW), Baltimore, MD, 15–19 Feb., pp. 224–235.

Matopoulos, A. 2011. "Warehouse technologies in retail operations: The case of voice picking," in M. Bourlakis, I. Vlachos and V. Zeimpekis (eds): *Intelligent Agrifood Chains and Networks* (Chichester, UK, Wiley-Blackwell), pp. 195–206.

McInnis, B.; Cosley, D.; Nam, C.; Leshed, G. 2016. Taking a HIT: *Designing around rejection, mistrust, risk, and workers' experiences in Amazon Mechanical Turk*, Proceedings of the 2016 CHI Conference on Human Factors in Computing Systems, San Jose, CA, 7–12 May, pp. 2271–2282.

Melachrinoudis, E.; Olafsson, M. 1995. "A microcomputer cashier scheduling system for supermarket stores", in *International Journal of Physical Distribution & Logistics Management*, Vol. 25, No. 1, pp. 34–50; doi: 10.1108/09600039510080180.

Möhlmann, M.; Zalmanson, L. 2017. "Hands on the wheel: Navigating algorithmic management and Uber's autonomy, Proceedings of the International Conference on

Information Systems (ICIS 2017), Seoul, 10 –13 Dec.

Motoyama, M.; McCoy, D.; Levchenko, K.; Savage, S.; Voelker, G.M. 2011. Dirty jobs: *The role of freelance labor in web service abuse*, paper presented at the 20th USENIX Security Symposium, San Francisco, CA, 8–12 Aug.

Mugglestone, L. 2005. *Lost for words: The hidden history of the Oxford English Dictionary* (New Haven, Yale University Press).

Murray, K.M.E. 1977. *Caught in the web of words: James Murray and the Oxford English Dictionary* (New Haven, Yale University Press).

Nakashima, R. 2018. "AI's dirty little secret: It's powered by people", in *Associated Press*, 5 Mar. Available at: https://bit.ly/2I3pHLv.

Narula, P.; Gutheim, P.; Rolnitzky, D.; Kulkarni, A.; Hartmann, B. 2011. *MobileWorks: A mobile crowdsourcing platform for workers at the bottom of the pyramid*, paper presented at the 3rd Human Computation Workshop (HCOMP '11), San Francisco, 8 Aug.

Newman, L.H. 2017. "It's not always AI that sifts through your sensitive info", in *Wired*, 29 Nov. Available at: https://bit.ly/2i5NqyH.

Nickerson, J.V. 2014. "Crowd work and collective learning", in A. Littlejohn and A. Margaryan (eds): *Technology-enhanced professional learning* (New York and London, Routledge), pp. 39–49. Available at: http://ssrn.com/abstract=2246203 [20 Feb. 2018].

Obar, J.A.; Oeldorf-Hirsch, A. 2016. *The biggest lie on the internet: Ignoring the privacy policies and terms of service policies of social networking services*, paper presented at the 44th Research Conference on Communication, Information and Internet Policy, Arlington, VA, 30 Sep.–1 Oct.; doi: 10.2139/ssrn.2757465.

Pasquale, F. 2015. *The black box society: The secret algorithms that control money and information* (Cambridge, MA, Harvard University Press).

Perez, S. 2017. "YouTube promises to increase content moderation and other enforcement staff to 10K in 2018", in *TechCrunch*, 5 Dec. Available at: https://techcrunch.com/2017/12/05/youtube-promises-to-increase-content-moderation-staff-to-over-10k-in-2018/ [7 Dec. 2017].

Rani, U.; Furrer, M. forthcoming. "Work and income security among workers in on-demand digital economy: Issues and challenges in developing economies", in *Competition & Change*.

Roberts, S.T. 2014. *Behind the screen: The hidden digital labor of commercial content moderation*, Dissertation (University of Illinois at Urbana-Champaign). Available at: https://www.ideals.illinois.edu/handle/2142/50401 [20 Aug. 2017].

——. 2016. *Commercial content moderation: Digital laborers' dirty work*, Media Studies Publications, Paper 12. Available at: http://ir.lib.uwo.ca/commpub/12 [5 Dec. 2017].

Rodrik, D. 2004. Industrial policy for the twenty-first century. Mimeo (Vienna, UNIDO).

Rose, M. 2003. "Good deal, bad deal? Job satisfaction in occupations", in *Work, Employment and Society*, Vol. 17, No. 3, pp. 503–530.

Roy, S.; Balamurugan, C.; Gujar, S. 2013. *Sustainable employment in India by crowd-sourcing enterprise tasks*, paper presented at Annual Symposium on Computing for Development (DEV '13), Bangalore, 11–12 Jan.

Safire, William. 2009. "Fat tail", in *New York Times Magazine*, 5 Feb. Available at: http://www.nytimes.com/2009/02/08/magazine/08wwln-safire-t.html [6 Sep. 2017].

Salazar-Xirinachs, J.M.; Nübler, I.; Kozul-Wright, R. 2014. *Transforming economies: Making industrial policies for growth, jobs and development* (Geneva, ILO).

Salehi, N.; Irani, L.; Bernstein. M.S.; Alkhatib, A.; Ogbe, E.; Milland, K.; Clickhappier. 2015. *We are Dynamo: Overcoming stalling and friction in collective action for crowd workers*, Proceedings of the Association for Computing Machinery (ACM) Conference on Human Factors in Computing Systems (CHI), Seoul, 18–23 Apr., pp. 1621–1630.

Schmidt, F. A. 2017. *Digital labour markets in the platform economy: Mapping the political challenges of crowd work and gig work* (Bonn, Friedrich-Ebert-Stiftung).

Scholz, T.; Liu, L.Y. 2010. *From mobile playgrounds to sweatshop city*, Situated Technologies Pamphlets 7 (New York, The Architectural League of New York). Available at: http://www.situatedtechnologies.net/?q=node/105 [13 Sep. 2013].

Schriner, A.; Oerther, D. 2014. "No really, (crowd) work is the silver bullet", in *Procedia Engineering*, Vol. 78, pp. 224–228.

Silberman, M.S. 2015. *Human-centered computing and the future of work: Lessons from Mechanical Turk and Turkopticon*, 2008–2015, Dissertation (University of California, Irvine).

——. 2017. "Fifteen criteria for a fairer gig economy", in M. Graham and J. Shaw (eds): *Toward a fairer gig economy* (London, Meatspace Press), pp. 16–19. Available at: http://tinyurl.com/criteria-for-a-fairer-gig-econ [21 Mar. 2018].

Silberman, M.S.; Irani, L. 2016. "Operating an employer reputation system: Lessons en dash from Turkopticon, 2008–2015", *in Comparative Labor Law and Policy Journal*, Vol. 37, No. 3, pp. 505–541.

Silberman, M.S.; Tomlinson, B.; LaPlante, R.; Ross, J.; Irani, L.; Zaldivar, A. 2018. "Responsible research with crowds: Pay crowdworkers at least minimum wage", in *Communications of the ACM*, Vol. 61, No. 3, pp. 39–41.

Smith, R.; Leberstein, S. 2015. *Rights on demand: Ensuring workplace standards and worker security in the on-demand economy* (New York, National Employment Law Project).

Solon, O. 2017. "Facebook is hiring moderators. But is the job too gruesome to handle?", in The Guardian, 4 May. Available at: https://www.theguardian.com/technology/2017/may/04/facebook-content-moderators-ptsd-psychological-dangers [7 Dec. 2017].

Stanford Crowd Research Collective. 2015. Daemo: A self-governed crowdsourcing marketplace, Proceedings of the 28th Annual ACM Symposium on User Interface Software and Technology (UIST '15), Charlotte, NC, 8–11 Nov., pp. 101–102.

—. 2016. *Boomerang: Rebounding the consequences of reputation feedback on crowdsourcing platforms*, Proceedings of the 29th Annual ACM Symposium on User Interface Software and Technology (UIST '16), Tokyo, 16–19 Oct., pp. 629–627.

Stewart, N.; Ungemach, C.; Harris, A.J.L.; Bartels, D.M.; Newell, B.R.; Paolacci, G.; Chandler, J. 2015. "The average laboratory samples a population of 7300 Amazon Mechanical Turk Workers", in *Judgment and Decision Making*, Vol. 10, No. 5, pp. 479–491.

Sundararajan, A. 2016. *The sharing economy: Then end of employment and the rise of crowd-based capitalism* (Cambridge and London, MIT Press).

Urquhart, F. 1976. "Found at last: The Monarch's winter home", in *National Geographic*, Aug. Available at: http://ngm.nationalgeographic.com/print/1976/08/monarch-butterflies/urquhart-text [1 Oct. 2017].

von Ahn, L. 2005. *Human computation*, Dissertation (Carnegie Mellon University).

Wilson, N.S. 1965. "Freedom of contract and adhesion contracts", in *International and Comparative Law Quarterly*, Vol. 14, No. 1, pp. 172–193. Available at: www.jstor.org/stable/756723 [19 Mar. 2018].

YouTube. 2018. "More information, faster removals, more people – An update on what we're doing to enforce YouTube's community guidelines", 23 Apr. Available at: https://youtube.googleblog.com/ [4 May 2018].

附件1

表　　格

表 A1.1　**根据国际劳工组织 2015 年和 2017 年对众包劳动者的调查，按平台和国家划分的观察数量**

地区	AMT 平台（2015 年）	CrowdFlower 平台（2015 年）	AMT 平台（2017 年）	CrowdFlower 平台（2017 年）
非洲		阿尔及利亚（2）		阿尔及利亚（2）
		埃及（2）		埃及（2）
		摩洛哥（1）		摩洛哥（1）
		突尼斯（1）		尼日利亚（2）
				南非（1）
亚洲和太平洋	印度（128）	孟加拉国（2）	印度（251）	孟加拉国（2）
		中国（1）		文莱（1）
		印度（30）		中国（1）
		印度尼西亚（10）		印度（10）
		马来西亚（2）		印度尼西亚（2）
		巴基斯坦（3）		巴基斯坦（2）
		菲律宾（6）		菲律宾（1）
		斯里兰卡（2）		越南（2）
		越南（2）		
阿拉伯国家		卡塔尔（1）		
欧洲和中亚		奥地利（1）	立陶宛（1）	奥地利（1）
		比利时（2）	葡萄牙（1）	波黑（21）
		波黑（33）	瑞典（1）	保加利亚（1）
		保加利亚（12）		克罗地亚（4）
		克罗地亚（6）		爱沙尼亚（1）
		爱沙尼亚（1）		芬兰（1）
		芬兰（2）		法国（1）
		德国（8）		德国（2）

续表

地区	AMT 平台（2015 年）	CrowdFlower 平台（2015 年）	AMT 平台（2017 年）	CrowdFlower 平台（2017 年）
		希腊（7） 匈牙利（6） 以色列（2） 意大利（9） 前南斯拉夫马其顿共和国（3） 荷兰（3） 波兰（9） 葡萄牙（4） 罗马尼亚（10） 俄罗斯（16） 塞尔维亚（32） 斯洛伐克（3） 斯洛文尼亚（1） 西班牙（12） 瑞典（1） 土耳其（12） 乌克兰（5） 英国（7）		希腊（5） 匈牙利（2） 以色列（1） 意大利（9） 拉脱维亚（1） 前南斯拉夫马其顿共和国（4） 荷兰（2） 波兰（7） 葡萄牙（5） 罗马尼亚（4） 俄罗斯（11） 塞尔维亚（32） 斯洛伐克（2） 西班牙（13） 土耳其（10） 乌克兰（13） 英国（5）
拉丁美洲和加勒比		阿根廷（2） 巴西（13） 哥伦比亚（1） 多米尼加（1） 厄瓜多尔（1） 墨西哥（4） 秘鲁（2） 委内瑞拉（39）	智利（1）	阿根廷（3） 玻利维亚（1） 巴西（33） 智利（1） 哥伦比亚（1） 墨西哥（8） 秘鲁（5） 乌拉圭（1） 委内瑞拉（65）
北美	美国（686）	加拿大（2） 美国（10）	加拿大（2） 美国（231）	加拿大（13） 美国（34）

表 A1.1 续表

地区	Clickworker 平台（2017 年）	Prolific 平台（2017 年）	Microworkers 平台（2017 年）
非洲	南非（4）	肯尼亚（1）	阿尔及利亚（4） 埃及（2） 加纳（1） 肯尼亚（6） 摩洛哥（6） 尼日利亚（20） 南非（2） 突尼斯（4）
亚洲和太平洋	印度（16）	澳大利亚（3） 印度（11） 日本（1） 新西兰（1） 新加坡（1）	澳大利亚（1） 孟加拉国（8） 印度（55） 印度尼西亚（26） 马来西亚（8） 尼泊尔（32） 新西兰（2） 巴基斯坦（9） 菲律宾（9） 新加坡（2） 斯里兰卡（10）
阿拉伯国家			沙特阿拉伯（2）
欧洲和中亚	奥地利（7） 比利时（2） 法国（15） 德国（177） 匈牙利（2） 意大利（39） 吉尔吉斯斯坦（1） 荷兰（4）	奥地利（1） 波黑（9） 捷克（1） 格鲁吉亚（1） 德国（2） 希腊（1） 匈牙利（1） 爱尔兰（3）	阿尔巴尼亚（1） 亚美尼亚（1） 比利时（2） 波黑（9） 保加利亚（9） 克罗地亚（7） 捷克（1） 芬兰（1）

续表

地区	Clickworker 平台（2017 年）	Prolific 平台（2017 年）	Microworkers 平台（2017 年）
	波兰（5） 葡萄牙（5） 罗马尼亚（2） 俄罗斯（14） 西班牙（21） 瑞士（4） 英国（47）	立陶宛（1） 荷兰（1） 葡萄牙（5） 罗马尼亚（1） 俄罗斯（2） 塞尔维亚（8） 西班牙（2） 英国（232）	法国（7） 德国（7） 匈牙利（1） 爱尔兰（1） 意大利（19） 前南斯拉夫马其顿 共和国（6） 荷兰（3） 波兰（1） 葡萄牙（14） 罗马尼亚（11） 俄罗斯（1） 塞尔维亚（35） 斯洛文尼亚（1） 西班牙（7） 土耳其（1） 乌克兰（1） 英国（10）
拉丁美洲 和加勒比	巴西（10） 智利（1） 哥伦比亚（1）	巴西（1）	阿根廷（1） 巴西（1） 哥伦比亚（1） 厄瓜多尔（2） 牙买加（3） 墨西哥（1） 委内瑞拉（6）
北美	加拿大（5） 美国（73）	加拿大（12） 美国（193）	加拿大（9） 美国（166）

表 A1.2 **AMT 平台的回归结果，因变量："有偿和无偿工作的时薪"（美元）经对数变换**

	（1）AMT 平台（2015 年）	（2）AMT 平台（2017 年）	（3）AMT 平台（2017 年）
美国（印度）	1.222*** （0.140）	1.551*** （0.103）	1.523*** （0.100）
年龄	-0.013*** （0.003）	-0.018*** （0.004）	-0.018*** （0.004）
女性（男性）	-0.137** （0.067）	-0.118 （0.088）	-0.105 （0.085）
婚姻状况（未婚）			
已婚	-0.019 （0.086）	0.147 （0.103）	0.136 （0.100）
与伴侣同居	0.028 （0.089）	0.041 （0.129）	0.018 （0.121）
离婚或分居	-0.087 （0.114）	0.277* （0.143）	0.259* （0.144）
从事平台众包任务期限（7~12 个月）			
1~2 年	0.118* （0.068）	0.141 （0.116）	0.154 （0.114）
3~4 年	0.183** （0.087）	0.291*** （0.112）	0.278** （0.110）
5 年及以上	0.088 （0.106）	0.235* （0.137）	0.211 （0.136）
教育状况（高中或以下学历）			
专业技术证书	0.056 （0.149）	0.099 （0.223）	0.033 （0.177）
大学某种教育	0.121 （0.092）	0.061 （0.110）	0.108 （0.112）
学士学位	0.068 （0.097）	0.232* （0.122）	0.238* （0.124）
研究生及以上学位	-0.171 （0.137）	0.245 （0.157）	0.238 （0.158）
主要任务（"简单"任务）			
内容创作			0.438* （0.259）
问卷调查			0.251*** （0.095）
文本转录			-0.147 （0.130）
拥有 0~5 岁的子女	-0.043 （0.097）	-0.087 （0.126）	-0.084 （0.123）

续表

	(1) AMT平台 (2015年)	(2) AMT平台 (2017年)	(3) AMT平台 (2017年)
其他工作 (无其他工作)			
短期工作	-0.074 (0.068)	-0.042 (0.085)	-0.042 (0.087)
工薪职业	0.084 (0.105)	-0.093 (0.108)	-0.074 (0.109)
自由职业	-0.020 (0.089)	0.103 (0.162)	0.124 (0.160)
自雇就业人员/其他	0.069 (0.186)	0.057 (0.182)	0.077 (0.181)
众包平台任务工时/周	-0.012*** (0.002)	-0.013*** (0.002)	-0.013*** (0.002)
健康问题	-0.012 (0.082)	-0.079 (0.109)	-0.092 (0.106)
常数	1.111*** (0.195)	1.020*** (0.220)	1.183*** (0.234)
R^2 (相关系数)	0.36	0.52	0.55
N (样本量)	562	379	379

注: * 表示 $p<0.1$, ** 表示 $p<0.05$, *** 表示 $p<0.01$。括号内的数字为参考类别和标准误差。

表 A1.3 AMT平台的回归结果分析，因变量："有偿和无偿工作的时薪"（美元）经对数变换（购买力平价，PPP）

	(1) AMT平台 (2015年)	(2) AMT平台 (2017年)	(3) AMT平台 (2017年)
美国 (印度)	0.020 (0.140)	0.338*** (0.103)	0.310*** (0.100)
年龄	-0.013*** (0.003)	-0.018*** (0.004)	-0.018*** (0.004)
女性 (男性)	-0.137** (0.067)	-0.118 (0.088)	-0.105 (0.085)
婚姻状况 (未婚)			
已婚	-0.019 (0.086)	0.147 (0.103)	0.136 (0.100)
与伴侣同居	0.028 (0.089)	0.041 (0.129)	0.018 (0.121)
离婚或分居	-0.087 (0.114)	0.277* (0.143)	0.259* (0.144)

续表

	（1）AMT 平台（2015 年）	（2）AMT 平台（2017 年）	（3）AMT 平台（2017 年）
从事平台众包任务期限（7~12 个月）			
1~2 年	0.118* (0.068)	0.141 (0.116)	0.154 (0.114)
3~4 年	0.183** (0.087)	0.291*** (0.112)	0.278** (0.110)
5 年及以上	0.088 (0.106)	0.235* (0.137)	0.211 (0.136)
教育状况（高中或以下学历）			
专业技术证书	0.056 (0.149)	0.099 (0.223)	0.033 (0.177)
大学某种教育	0.121 (0.092)	0.061 (0.110)	0.108 (0.112)
学士学位	0.068 (0.097)	0.232* (0.122)	0.238* (0.124)
研究生及以上学位	-0.171 (0.137)	0.245 (0.157)	0.238 (0.158)
主要任务（“简单”任务）			
内容创作			0.438* (0.259)
问卷调查			0.251*** (0.095)
文本转录			-0.147 (0.130)
拥有 0~5 岁的子女	-0.043 (0.097)	-0.087 (0.126)	-0.084 (0.123)
其他工作（无其他工作）			
短期工作	-0.074 (0.068)	-0.042 (0.085)	-0.042 (0.087)
工薪职业	0.084 (0.105)	-0.093 (0.108)	-0.074 (0.109)
自由职业	-0.020 (0.089)	0.103 (0.162)	0.124 (0.160)
自雇就业人员/其他	0.069 (0.186)	0.057 (0.182)	0.077 (0.181)
众包平台任务工时/周	-0.012*** (0.002)	-0.013*** (0.002)	-0.013*** (0.002)
健康问题	-0.012 (0.082)	-0.079 (0.109)	-0.092 (0.106)

续表

	(1) AMT 平台(2015 年)	(2) AMT 平台(2017 年)	(3) AMT 平台(2017 年)
常数	2.313*** (0.195)	2.219*** (0.220)	2.382*** (0.234)
R^2(相关系数)	0.18	0.22	0.25
N(样本量)	562	379	379

注:* 表示 $p<0.1$,** 表示 $p<0.05$,*** 表示 $p<0.01$。括号内的数字为参考类别和标准误差。

附件 2

研究方法

2015 年和 2017 年国际劳工组织众包劳动者问卷调查以及德国金属行业工会问卷调查

调查问卷问题

国际劳工组织在专门从事社会科学问卷调查研究的 SoundRocket 公司帮助下，开发了 2015 年调查问卷，并将问卷分为调查问卷 1 和调查问卷 2，开展了两轮调查。调查问卷 1 包含基本的人口统计数据，受访对象当前从事众包工作和其他有偿工作的就业状况、开展任务所需要的技能和培训、收入、财务状况和社会保护，还包含判断问卷回答质量的几个问题。调查问卷 2 包含有关工作经历和工作记录更加详细的问题，尤其涉及雇佣状况和职业情况，以及有关现有工作条件更详细的信息，如工作小时数和领取的津贴情况。

2017 年，为了避免第二轮调查在识别劳动者身份方面出现问题，两份调查问卷被合并为一份，只通过一轮调查收集劳动者的全部信息。为了确保数据信息的可比性，2017 年调查问卷的问题措辞与 2015 年相同，但删除了 2015 年问卷调查中的几个问题，添加了有关劳动者开展的任务、劳动者对最低工资和缴税的意识，以及有关收入和社会保护的几个问题。2015 年和 2017 年的调查问卷都包含开放式的问题；除了获得调查的定量信息外，开放式的文字回答提供了丰富的定性信息来源。2015 年和 2017 年两次调查中的所有受访对象均获得参加调查的报酬，平台也获得发布调查任务的费用。

调查样本

2015 年对 AMT 平台和 CrowdFlower 平台劳动者开展了调查。尽管在全球范围目前尚无可获取随机样本的众包劳动者数据库，但是 AMT 平台劳动者的人口统计数据已被跟踪数年，在 mTurk 追踪系统网站上可获得相关数据（Iperiotis，2010）。研究人员运用分层抽样的方法，获得 mTurk 追踪系统网站上记录的按国家划分的数据。在 AMT 平台，拥有 95%或以上的任务通过率、已完成至少 500 件任务并居住在美国或印度的劳动者有资格参加问卷调查。在 CrowdFlower 平台，由平台认定为“合格的劳动者”有资格参加问卷调查。Crowd-

Flower 平台未透露挑选劳动者的具体条件，强烈建议使用平台指定的人员参与调查。2015年，调查问卷 2 的样本只局限于 AMT 平台劳动者，这是由于 CrowdFlower 平台未赋予劳动者独一无二的身份识别号，造成无法邀请该平台劳动者参加问卷 2 调查。调查问卷在这两家平台上被多天多次发布，以便让处于不同时区和在不同时间工作的劳动者参与调查。

对于 2017 年的调查，研究人员先对一份平台清单进行评估，以确定在这些平台上可以大规模获得劳动者开展问卷调查的可行性。研究人员还寻求平台允许发布调查问卷。最终确定的平台是：AMT 平台、CrowdFlower 平台、Clickworker 平台、Microworkers 平台和 Prolific 平台。同 2015 年一样，2017 年 AMT 平台劳动者参加调查的资格是：拥有 95% 或以上的任务通过率，已完成至少 500 件任务，居住在美国或印度的劳动者，研究人员还让来自其他国家的几名劳动者参加了调查。与 2015 年不同的是，2017 年采用的分层抽样的样本，与 mTurk 追踪系统网站上的劳动者统计数据并不完全匹配；因为研究人员决定对美国和印度劳动者的回答分别进行评估，并寻求获得有关印度劳动者的更多信息。对于其他平台，由平台各自认定的“合格劳动者”均可参加调查。与 2015 年相同，调查问卷在各自平台上被多天多次发布。

为了提高评估问卷回答的质量，研究人员在调查问卷中加入了几道测试注意力的问题。对于合格的参与者，这些问题的正确答案显而易见。如果受访对象未准确回答测试的问题，表明受访对象在回答调查问卷时未关注（甚至未阅读）这些问题。

2015 年调查问卷 1 的样本结果

总样本共有 1 445 名应答者，其中，1 167 人被认定为合格（见表 A2. 1）。278 人被删除，这是因为：(1) 这些应答者未提供有效的劳动者身份证件，他们可能在众包工作平台外通过共享调查问卷来回答问题；(2) 应答者未将代码反馈给众包工作平台确认他们完成了问卷；(3) 出现了一人回答两份问卷的情况。虽然众包工作平台为我们提供了避免多次回答问卷的手段，但是这些工具具有局限性。结果，我们识别出同一名应答者多次回答的问卷（一般回答两份问卷，但也有回答多份的情况）。

表 A2. 1　问卷调查样本，按平台划分，2015 年（调查问卷 1）

	应答者总人数	被排除的应答者人数	合格的应答者人数
AMT 平台	904	90	814
CrowdFlower 平台	541	188	353
总计	1 445	278	1 167

资料来源：国际劳工组织众包劳动者问卷调查，2015 年（调查问卷 1）。

2015 年调查问卷 2 的样本结果

调查问卷 2 由已完成调查问卷 1 的 AMT 平台人员即 826 名潜在合格的调查对象完成。排除不合格的调查对象（重复回答、欺骗等）后，最终 789 名调查对象被确定为合格样本。这些人员完成问卷的情况如下：

- 661 人（83.8%）完成调查问卷 2；
- 17 人（2.2%）部分完成调查问卷 2；
- 111 人（14.1%）未回答调查问卷 2。

2017 年调查问卷的样本结果

2017 年，各平台共计 3 500 人参加了问卷调查，其中，147 人看到欢迎的页面后未参加，8 人不同意参加，剩余的 3 345 人参加了调查（见表 A2.2）。

表 A2.2 **按平台划分，2017 年，问卷调查样本**

	参加问卷调查的总人数	被排除的人数	被排除的原因			最终样本人数
			部分完成	注意力测试不合格	多次递交问卷	
AMT 平台	623	134	77	49	8	489
CrowdFlower 平台	548	193	101	62	30	355
Clickworker 平台	595	140	61	63	16	455
Prolific 平台	558	63	53	3	7	495
Microworkers 平台	1 021	465	172	195	98	556
总计	3 345	995	464	372	159	2 350

资料来源：国际劳工组织众包劳动者问卷调查，2017 年。

在参加调查的 3 345 人中，大约 29%的人员被排除。不同平台被排除的人员比例有所不同，范围从 Prolific 平台的 11%到 Microworkers 平台的 46%不等。对于被排除人员，不对他们的回答结果进行分析的主要原因是：（1）他们只部分完成了调查问卷（14%）；（2）他们未足够认真地完成问卷，或未使用算法完成问卷（11%）；（3）他们使用了多个账号或多家平台完成调查问卷（5%）。只部分完成调查问卷的人员占比从 10%（Prolific 平台）到 19%（AMT 平台）不等。

通过对分散在问卷中 4 道测试注意力问题的回答，可识别出那些未足够专注或未使用算法来完成调查问卷的人员。错误回答 2 道及以上测试问题的人员即被排除。被排除人员占比最低的是 Prolific 平台（低于 1%），占比最高的是 Microworkers 平台（19%）。最后，根据人口统计数据特点、文字回答内容、浏览器类型，或电子邮件地址的显著相似性，识别出那些多次回答调查问卷的人员。大多数多次回答的问卷是在不同平台上完成的，只有少数人员在同一家平台两次完成调查问卷，他们有可能是通过使用不同账号完成的。如果识别出同一个人回答了两份问卷，则采用第一份问卷或回答较为全面的问卷。同一个人由于多次递交问卷而被排除的人员占比，AMT 平台和 Prolific 平台最低（两家平台均为 1%），Microworkers 平台最高（10%）。

世界不同地区的被排除人员占比数值差异较大。北美占比最低（18%），欧洲和中亚次低（23%），占比较高的地区有亚洲和太平洋（35%）、拉丁美洲和加勒比（36%），非洲最高（48%）。被排除的原因不同地区也有所不同。在各地区被排除的人员中，由于部分完成调查问卷被排除的人员，非洲占比最少（占所有被排除人员的 19%），欧洲和中亚占比最高（45%）。由于注意力测试不合格而被排除的人员，北美占比最低（27%），非洲占比最高（62%）。由于多次递交问卷被排除的人员，亚洲和太平洋占比最低（6%），北美占比最高（37%）。

男性与女性之间也存在差异：29%的男性受访对象被排除，22%的女性受访对象被排除。女性比男性更有可能递交一份部分完成的调查问卷，而男性更有可能注意力测试不及格并使用多个账号。

2017 年的最终样本包含 2 350 名合格人员，其中，489 人来自 AMT 平台，355 人来自 CrowdFlower 平台，455 人来自 Clickworker 平台，495 人来自 Prolific 平台和 556 人来自 Microworkers 平台。除非另行说明，本报告中呈现的所有 2017 年统计数据均基于 2 350 名受访对象的最终样本。

2015 年和 2017 年调查问卷数据调整情况

在计算工作小时数和小时工资时，我们还排除了这两个变量的极端数值，并且还对 2015 年和 2017 年调查问卷的数值做了调整。有关工作小时数，我们识别出劳动者输入从事有偿工作和无偿工作每周超过 168 个小时的情况。我们将这类情况排除，2015 年这类样本大约占 1%，2017 年占 2%。另外，我们还通过考虑劳动者在获得最低工资、平均工资和最高工资的一周中工作的小时数来分析工时情况。基于这些分析及从中找出的规律性，我们识别出调查问卷中所填数据前后矛盾的人员，2015 年此类人员占样本数的 0.5%，2017 年占 2%。另外，对于每周工时超过 125 个小时的人员，我们将工时数封顶为每周 125 个小时。

对于小时工资，为了识别出前后不一致的数据或异常的数据，我们分析劳动者获得最低收入、平均收入和最高收入的一周中的工资额。随后，我们实施了下列规则：获得最低工资一周中的工资额应低于或等于获得平均工资一周中的工资额，而获得平均工资一周中的工资额应低于或等于获得最高工资一周中的工资额。通过运用此规则，我们在计算的小时工资中排除了 2015 年样本的 1%、2017 年样本的 5%。对于小时工资的计算和工作小时数的统计数据，正如前面已提及的，工作的小时数封顶为每周 125 小时。而小时工资的计算，数据经削减，处于每家平台的小时工资分布的 1%~99%。

调查访谈

作为 2017 年问卷调查的后续行动，2017 年 8 月和 9 月，通过 Skype 网络电话，对 21 名劳动者开展了访谈，旨在更好地了解劳动者的工作动机、从事的任务类型、对众包工作的满意度，以及众包工作对个人生活和职业生涯产生的影响。对于这次访谈，我们针对的目标是每家平台中来自不同国家、不同收入群体和不同性别的参与者。基于这一原则，我们随机挑选了 50 名参与者，给他们发送电子邮件，邀请他们参加访谈，并为他们提供相关的信息。

受访者来自 4 家不同平台（4 名来自 AMT 平台，2 名来自 CrowdFlower 平台，10 名来自 Microworkers 平台和 5 名来自 Prolific 平台），这些人员遍布世界不同地区和不同国家（阿尔及利亚、加拿大、哥伦比亚、克罗地亚、意大利、荷兰和罗马尼亚各 1 名，英国 2 名，塞尔维亚 3 名，美国 4 名，印度 5 名）。其中，9 名受访者为女性，12 名为男性。最年轻的受访者 20 岁，最年长的 66 岁。在这些人员中，15 名受访者除了众包工作外还有另外一份工作，其他人未参与其他经济活动。访谈以半结构化的方式基于事先准备好的问题展开，并跟踪访谈过程中受访者有感而发的想法。问题涉及与平台有关的工作，受访者从事的任务类型，是否由于得不到任务而感到有压力或沮丧，当遇到问题时有哪些网络提供帮助，以及在监管、工作条件、工作与生活平衡和健康等方面的问题。每个人的访谈持续大约 1 个小时。

德国金属行业工会问卷调查

作为重新设计众包工作在线信息交流中心——faircrowdwork. org 网站——一个宏大项目的组成部分，德国金属行业工会开展了有关众包工作的问卷调查。重新设计工作的一个目标是开发平台的评估程序。通过有关工件条件的具体详细的信息，以系统的和连贯一致的方式，获得针对每家平台的全面数字评级（0~5 星）。为了实现这一目标，德国金融行业工会研究人员与合作者设计了一份内容翔实的、包含 95 道问题的调查问卷，于 2016 年和 2017 年向劳动者发放。

为了确保所有受访对象确实是平台劳动者，调查问卷通过在线平台发布。调查问卷只收集劳动者具体的工作经历相关信息，不要求劳动者对平台做出抽象的评级。项目主要研究人员随后以连贯一致的方式开发了一个算法，将调查结果转换为数字评级。